동 양 상 담 학 시 리 즈 ⑳

정조 대왕의 상실과 자기극복

이세중 · 이재용 공저

Oriental Counseling Series

학지사

동양상담학 시리즈를 펴내며

돌이켜 보면 참 오랫동안 한국상담 또는 동양상담에 대한 연구와 논의의 필요성을 느껴 왔다.

처음 상담계에 입문할 때는 그저 서양에서 들어온 지식을 열심히 섭취하여 상담을 잘하기만 하면 그만이라고 생각했다. 상담의 발상지가 서양이니까 그렇게 하는 게 하나도 이상할 것이 없고, 또 상담계에 종사하는 모든 사람이 그렇게 하니까 아무런 의구심이 들지 않았다. 하지만 시간이 지나면서 조금씩 내가 하는 일에 무엇인가가 빠져 있다는 사실을 눈치채기 시작했다. 서양 사람들에게서 뽑아낸 상담 지식을 한국 사람에게 그대로 적용하는 데 무리가 있다는 점을 알게 된 것이다. 그러니까 그때까지 나는 한국 사람을 서양 사람 대하듯 상담해 왔다. 이런 사실을 알게 되면서 내심 무척 당황하고 부끄러웠다. 한국 사람과 서양 사람이 모든 점에서 똑같다면 몰라도, 그렇지 않은데 맞지 않는 옷을 어색하게 입히려는 우스꽝스러운 짓을 하고 있었던 셈이다.

이때부터 나의 고민은 시작되었다. 어떻게 하면 한국 사람에게 어울리는 상담을 할 수 있을까? 어떻게 하면 한국 사람에게 적합한 상담 지식을 찾아내고 이를 체계적으로 정리할 수 있을까? 어떻게 하면 한국적 문화와 역사와 전통을 반영한 상담 이론을 구성할 수 있을까? 이런 고민 끝에 한국인의 일상생활에 스며 있는 삶에 대한 철학과 사상과 문화적 전통을 뒤져 보자는 생각을 하게 되었다. 그렇게 해서 이 책에 실린 원고들을 하나씩 쓰기 시작하였다. 이때 우연히 이웃나라 일본의 상담학자들도 일찌감치 나와 같은 고민을 하며 일본식 상담을 개발하였다는 사실을 접할 수 있었다. 모리타 상담과 나이칸 상담은 그들의 치열한 문제의식에서 비롯한 일본식 상담론으로서 우리가 한 번쯤 살펴볼 만한 가치가 있다. 이 책의 제목을 한국상담이 아닌 동양상담이라고 붙인 것은 일본식 상담이 포함되었기 때문이기도 하고, 동양사회를 관통하고 있는 유·불·도 삼가의 사상이 주요 주제로 다루어지고 있기 때문이기도 하다.

처음 이 원고를 집필하기 시작할 때는 한 권의 단행본으로 출판하려고 하였다. 그러나 작업을 하다 보니 앞으로도 이런 작업이 끝없이 이어져야 할 거라는 생각 그리고 연구가 완성될 때까지 오래 기다리기보다 그때그때 신속하게 연구 결과를 보고하는 편이 나을 거라는 생각이 들었다. 이 시리즈의 첫 원고가 이미 5년 전에 탈고되었다는 점이 이런 생각을 굳혔다. 앞으로 이 시리즈가 계속되기를 기대한다. 필자 역시 작업을 계속하겠지만, 한국상담과 동양상담에 관심 있는 상담학도라면 누구라도 이 작업을 이어 갈 자격이 있다. 그리하여 앞으로 100권, 200권을 넘어서까지 이 시리즈가 쌓여 가기를 바란다. 감히 말하건대, 이 시리즈 목록의 길이는 한국상담의 성숙도를 보여 주는 바로미터가 될 것이다.

　필자는 상담을 전공하는 후학들이 '우리와 우리 것'에 대해 관심 가지기를 간절하게 바란다. 원고를 쓰면서 우리 역사, 사상, 철학, 문화 속에 상담 정신이 깃든 자료가 그렇게 풍부하다는 데 정말 놀랐다. 그럼에도 불구하고 이런 자료들이 상담학도들의 눈에 띄지 않았다는 사실이 참 이상하다. 다소 늦기는 했지만 이 자료들을 정리하여 현대 상담 속으로 끌어들일 때가 되었다. 외국으로부터 배울 것은 배우되, 온고지신하는 마음으로 우리 것을 품어서 한국상담학을 정립해 가는 창조적인 작업에 모두 동참하자.

이 작업을 시리즈로 기획하자고 제안하신 학지사 김진환 사장님 그리고 상담에 대한 깊은 애정을 가지고 정말 꼼꼼하게 교정과 편집 책임을 맡아 주신 최임배 부사장님에게 감사의 말씀을 드린다. 앞으로도 좋은 상담 책을 많이 출판하여 한국상담계의 발전에 큰 몫을 담당해 주시기 바란다.

청주 원봉산 자락에서

박성희

머리말

　인간은 필연적으로 삶 속에서 상실과 그에 따른 슬픔을 경험하며 살아간다. 그러나 상실 경험을 마주하는 태도는 사람마다 상이하다. 누군가는 상실을 의연하게 극복하고 성장하지만, 누군가는 상실에서 벗어나지 못하고 좌절하기도 한다. 우리 역사의 두 임금인 연산군과 정조는 부(父) 혹은 모(母)의 비극적 상실을 경험하였다. 연산군은 상실과 슬픔을 극복하지 못하고 폭군으로 남았으나, 정조는 성군의 평가를 받는 훌륭한 왕으로 역사에 남았다. 이 책에서는 정조(正祖)의 삶을 시대순으로 살펴보고, 그 삶 속에서의 상실 경험과 극복 과정을 살펴보고자 하였다.

　정조의 상실 경험은 소프카(Sofka, 1997)가 제시한 네 가지 상실 분류체계인 '죽음으로 인한 상실' '관계 상실' '기타 상실(심리, 물리)' '역사적 사건으로 인한 상실'을 기초로 분석하였으며, 정조가 남긴 기록과 역사적 사실에 기반한 심리적 상실을 보다 세분화하여 각각 '정체성 상실' '정당성 상실' '안전감 상실' '신뢰감 상실'로 분류하였다. 이 책은 정조가 이러한 다층적 상실을 어떠한 태도와 방법으로 극복하였는지, 극복 장면에서 스스로 기록한 마음의 상태는 어떠하였는지를 중심으로 정조의 생애 흐름에 따라 내용을 구성하였다. 또한 정조가 상실을 극복하는 과정에서 발견된 (외상 후) 성장의 원리와 전략을 상담학적으로 바라보았다. 구안된 상실 극복과 성장의 원리는 삼매(三昧)의 원리(건강하게 잊고 앞으로 나아가기), 동덕(同德)의 원리(신뢰와 지지의 토대 마련하기), 원도(遠圖)의 원리(지금-여기에서 삶의 목적 선택하기), 애민(愛民)의 원리(깊은 공감으로 공동체를 지향하기)로 제시하였다.

요컨대, 이 책은 정조의 상실 극복 과정과 이를 통한 성장의 원리 그리고 상담의 전략을 추출하는 방향으로 구성되었다. 그 과정에서 정조의 삶 자체가 현대 상담에서 중요하게 생각하는 상담학적 원리인 목적론, 격려,

사회적 지지, 애도, 외상 후 성장, 몰입 등과 닿아 있음을 확인하였다. 이러한 상담학적 원리에 유교와 불교 등의 다양한 동양 철학적 원리를 적용하여 다층적인 상실을 경험한 내담자를 치유하고 성장에 이르게 할 방안들을 모색하고자 노력하였다.

이 책을 통해 정조의 삶의 원리가 적용된 상담방법이 고찰되고 정착되어, 일평생을 다층적 상실로 인한 외상과 그 극복에 힘쓰면서도 사회적 공동체에 온 마음을 쏟던 성현(聖賢)의 '뜻'에 독자 여러분과 함께 한걸음 더 다가갈 수 있기를 소망한다.

이세중, 이재용

차례

1

상실의 시대,
정조를 찾는 우리들

　인간은 누구나 저마다의 삶 속에서 상실(Loss)을 겪으며 살아간다. 사회 변화의 속도가 빨라짐에 따라 그러한 상실의 경험은 인간관계, 물질, 개인이 지향하는 가치 등 다차원적인 측면에서 발생하고 있다. 그래서 혹자는 현대사회를 상실의 시대로 규정하는지도 모른다. 소설『상실의 시대』가 사람과 사람 간의 만남과 이별 그리고 죽음으로 대표되는 숙명적 상실을 다루었다면, 현시대의 상실은 그보다 더욱 복잡해 보인다. 오늘날 우리는 신뢰감과 안전감, 자제력과 통제력 등 인간의 여러 성질이 상실된 장면을 자주 본다. 이를 인간성의 상실이라고도 부를 수 있다. 관계의 단절로 인한 상실도 단순하지 않다. 대상의 사망으로 인한 죽음과 관련된 상실을 넘어 가족의 이혼, 별거, 관계의 변화 등이 그러하다.

상실(Loss)은 사람이 가치 있다고 여기는 어떤 대상에게 접근할 수 없거나, 더 가치 있는 본질이나 목적을 이룰 가능성이 없게 되는 실제적이거나 잠재적인 경우를 뜻한다(Carlson, 1978). 태어나면서 죽음에 이르기까지 경험해야 하는 연속적 애착과의 분리 속에서 상실과 그로 인한 슬픔의 경험은 불가피하다. 상실에 대한 분류는 학자마다 다양하다. 유형과 무형, 특정한 성질들, 구체성과 추상성 등이 그 분류의 체계로 보이지만, 공통적으로 나와 가까운 사람들의 죽음에서 오는 상실이 가장 고통스럽다고 알려져 있다.

인간에게 있어서 상실이 불가피한 삶의 한 조각이며 현재와 미래에도 이어질 필연이라 할 때 과거를 살아간 선인(先人)들이 어떠한 상실을 경험하고, 또 어떻게 극복하였는지 탐색하는 것은 분명한 의미가 있다. 흥미롭게도 우리 역사에는 비극적으로 부모를 잃고 '관계 상실'의 외상을 겪은 두 명의 왕이 존재한다. 바로 연산군과 정조(正祖)다. 그러나 그들에게 상실 경험의 유사성이 있음은 분명하지만, 두 왕에 대한 생애평가는 극단적인 대척에 있다. 너무도 비교되는 두 군주에 대한 당대의 평가를 살펴보자.

왕은 스스로 자신의 소행이 부도(不道)함을 알고 내심 부끄러워하여 인도(人道)를 혼란시켜 자기와 같게 만들려고 하여, 사대부의 친상(親喪)을 단축하였으며, 효행(孝行)이 있는 사람을 궤이(詭異)하다 하여 죽였고, 형제들을 핍박하여 그 첩을 서로 간범하게 하니, 삼강(三綱)이 끊어지고 이륜(彝倫)이 소멸되었다. 그래서 모든 사람이 배반하고 친척들이 이탈하여 중외(中外)가 다 원망하였다.

－『연산군일기』 63권,

연산 12년 9월 2일 기묘 1번째 기사－

왕은 성인(聖人)이었다. 사도(斯道)의 정체를 밝혀내고 사도가 지향할 바를 주장하였다. 왕이 한 일은 복희·신농·문왕·무왕이 했던 일이며, 왕이 한 말은 공자 · 맹자 · 정자 · 주자가 한 말이었다. 앞으로 천세 후에 옛것을 논하는 자가 있다면 아마 이를 『시경』 의 청묘(淸廟) 악장에다 실어 연주하여 역시 한 사람 이 창을 하면 세 사람이 감탄하리라. 여기에는 특히 남 들의 귀와 눈에 뵈어 있는 천덕(天德) · 왕도(王道)만을 추려 뽑아 굉장한 유자이고 현철한 임금이었던 그의 법도를 이 정도로 소개했을 뿐이다.

-『정조실록』 1권 부록, 정조대왕 묘지문-

연산군은 어려서 정치적 비극에 의해 어머니 윤씨를 잃었고, 정조 또한 할아버지와 아버지의 갈등, 정치적 사정 때문에 아버지 사도세자를 잃었다. 그러나 같은 유형의 상실을 겪은 두 임금의 평가는 완전히 다르다. 연산군은 당대는 물론이고 현대에까지 폭군의 아이콘으로 불리고 있다. 공식적 왕실 기록인 실록만 봐도 그의 수백 가지 비행과 음행이 기록되어 있다. 반면 정조는 군주이자 선비들의 스승(君師)으로 자타가 공인하였으며, 성리학의 나라인 조선에서 인물 개인에 대한 평가의 극치라 할 수 있는 '성인'이라는 추존을 사후에 받게 된다.

그렇다면 왜 이들은 왕자이자 왕실의 적통이라는 유사한 성장환경과, 극히 가까운 양육자를 비극적으로 잃었다는 유사한 상실 경험에도 불구하고 전혀 다른 삶을 살아가게 되었을까? 이는 의문의 여지를 남긴다. 선행의 연구에서 연산군의 자기 파괴적 행동에 대해 상실과 장애, 죽음에의 충동을 중심으로 다룬 바 있으나(신동호, 2015), 비슷한 경험을 한 정조가 이를 어떻게 극복했는지를 다룬 저술은 아직 명확하지 않은 형편이다. 따라서 정조의 비극적 상실 경험과 그 밖의 다층적 상실을 극복한 내적인 힘과 메커니즘을 통찰하는 것이 이 책이 이야기하고자 하는 핵심이다.

한편 최근 영화, 소설, 드라마 등 다양한 매체를 통해 정조의 삶을 현대적으로 해석하는 다양한 시도가 이루어지고 있다. 뿐만 아니라, 정치, 사회, 역사, 문화 등 다양한 학계의 학자도 정조의 삶과 업적들이 주는 현대적 의미를 발굴하기 위해 노력하고 있다.

여러 매체에서 다루는 정조의 모습은 대체로 '불굴의 성군'에 가까운 이미지다. 간악한 척신과 노론 벽파의 위협 속에서도 꿋꿋하게 개혁을 수행해 가는 군주의 모습으로 형상화되어 있는 경우가 많다. 또한 정조에 관한 학계의 대략적 연구 동향을 설명하자면, 정치학계와 역사학계는 정조가 살았던 시대와 정조가 실시한 개혁의 의미, 정치적 의의 등에 관하여 연구하고 있다. 다음으로 유학(儒學)계는 유자(儒子)로서의 정조와 그의 학문적 경지에 관한 연구를 수행해 왔으며, 예술계는 정조가 남긴 시(時), 서(書), 화(畵), 어찰(御札)을 살피고 그 가치에 대해 분석한다. 주목할 만한 것은 심리학계인데 정조와 영조, 사도세자 간의 관계를 분석하고, 보다 세부적인 학문의 영역에서 이를 현대적 관점으로 해석하고자 하는 시도가 이루어지고 있다는 점이 흥미롭다. 이러한 측면에서 매체와 학계의 최근 동향을 통해 포착해야 할 지점은 정조가 비극적인 상실과 역경, 슬픔을 처절하게 겪은 한 인간이라는 점이며, 이를 대단히 건강한 방식으로 극복하고 엄청난 성장에 도달하여 '성군'으로 자리매김했다는 것이다. 정조의 삶의 과정 분석과 상담학적 해석 작업을 통해 발견된 정조의 상실 극복 과정, 그리고 역경을 극복하는 내적 힘과 성장의 원리는 현대를 살아가는 많은 이에게 감동과 시사점을 줄 수 있다. 특히 정조에 대한 새로운 발견이 가족과 또래 등 중요한 이들과의 관계 상실이나, 다층적인 심리적 상실로 인해 고통받고 있는 아동 청소년들의 아픔을 극복하고 성장할 수 있도록 하는 상담학적 접근에 도움이 된다면 그것 자체로도 충분히 의미가 있을 것이다.

앞으로 독자들과 비극적이고 처절하지만 누구보다 치열했던 인간 정조의 생애를 함께 살피고, 그가 겪은 상실들을 다층적이고 구체적으로 살펴보고자 한다. 아울러 한 인간이 감당하기 어려운 그 지극한 슬픔과 상실들을 그가 어떻게 극복하여 성장으로 나아갔는지 살펴보고 그 극복의 바탕에 작동하는 인간 성장의 원리와 이를 바탕으로 추출한 상담학적 의미들을 나누고자 한다.

이 글을 읽는 독자 모두, 11세의 초등학생에 불과했던 어린 정조가 스스로 감당하기 힘든 비극 속에서 아버지를 잃고도 역적지자(逆賊之子)의 오명을 넘어 역사적 성군으로 거듭나는 성장의 무대로 나선 것과 같이, 이 페이지를 넘겨 그의 삶에 다가서기를 마음을 다해 소망한다.

2

정조,
처절한 그러나 치열한 삶을 살아내다

비극(悲劇)이란 인생의 슬픔과 비참함을 제재로 하여 주인공의 파멸, 죽음 따위의 불행한 결말을 갖는 극의 형식이며, 인물이 인생의 슬프고 애달픈 일을 당하여 불행한 경우를 이르는 말이다.

우리가 흔히 알고 있는 대표적 비극으로 셰익스피어의 『햄릿』을 들 수 있다. 숙부의 권모술수로 인해 아버지를 여의게 되고 사랑하는 어머니를 비참하게도 그 원수에게 빼앗겨 버린 왕자 햄릿. 그러나 햄릿은 허구의 세계에 존재하는 비극일 뿐이다. 반면에 정조는 어떠한가? 허구보다 더 허구 같은 지극한 '비극'의 주인공 정조(正祖)의 삶과 생애를 차근차근 살펴보자.

그림 2-1 영조(英祖)의 가계도

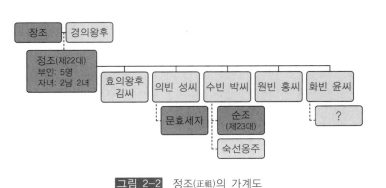

그림 2-2 정조(正祖)의 가계도

1. 유년기: 사랑받는 천재 원손에서 원치 않는 세손으로(1~11세, 1752~1762년)

그림 2-3 정조(正祖)의 유년 및 정조의 편지

서릿바람에 기후 평안하신지 문안 알고자 합니다.
큰외숙모님을 뵌 지 오래돼 섭섭하고 그리웠는데 어제
편지 보니 든든하고 반갑습니다. 할아버님께서도 평안
하시다 하니 기쁩습니다. 원손 올림

-국립한글박물관, 큰외숙모에게 드리는
어린 정조의 편지-

조선의 제22대 임금 정조는 1752년 영조의 둘째 아
들 사도세자와 혜경궁 홍씨 사이에서 태어났다. 이름

은 산(祘), 자는 형운(亨運), 호는 홍재(弘齋), 탕탕평평실(蕩蕩平平室), 만천명월주인옹(萬川明月主人翁)이다. 그는 태어나자마자 왕세자의 맏아들이라는 의미로서 원손(元孫)이라고 불렸으며 8세의 나이에 세손으로 책봉되었다. 첫돌이 되었을 때 의젓하게 책을 읽었다는 사서의 기록과, 다섯 살에 보여 준 학문에 대한 천재성과 진중한 태도 등은 임금을 다룬 사서 특유의 과장된 표현임을 감안하여도, 유년 시절 할아버지 영조와의 문답 등에서 자주 보이는 구체적 기록 등을 미루어 보아 그가 어려서부터 남다른 학문적 소양을 주변에 보여 주어 왕실의 복덩이로 불린 것은 확실하다.

2. 소년기: 비극의 그날, 임오화변에서 정체(正體)를 상실하는 갑신처분(11~13세, 1762~1764년)

학문을 즐기는 태도를 함양하고 부모와 조부모의 사랑을 받으며 명랑하게 성장하던 정조에게 큰 비극이 다

임오화변과 사도세자

가온다. 아버지 사도세자와 할아버지 영조의 갈등이 날
로 심해져 갔다. 비정한 정치 세계에서 정조는 끝내 할아
버지의 명으로 아버지가 뒤주에 갇혀 죽게 되는 사건, 즉
임오화변을 경험하고 평생 이어질 큰 충격을 받게 된다.
임오화변 이후 잠시 서인의 신분이 된 어머니와 함께 사
가(私家)에 내쳐졌으며, 아버지의 장례조차 제대로 참여
하지 못하게 된다. 그러나 왕실의 대통을 잇기 위한 영
조의 보호 아래 1764년 동궁의 지위를 회복하고 어려서
죽은 백부 효장세자의 양자로 입적하게 된다. 이 과정에
서 창덕궁에 거처를 둔 어머니 혜경궁 홍씨와 상당 기간
이별한 채 지내야 했고, 이때 정조는 자신의 정체성에

대한 혼란과 더불어 깊은 슬픔을 내비치곤 하였다.

3. 청년기: 지옥 같던 동궁시절에서 즉위의 일갈
(一喝)까지(13~25세, 1764~1776년)

그림 2-5 정조(正祖)의 즉위식

　정조는 왕세손이지만 실질적으로 세자의 위치에서
할아버지 영조의 보호를 받으며 왕이 되기 위한 과정
을 밟아 나갔다. 그러나 당시 임오화변을 주도한 집권당
인 노론과 일부 척신들에 의해 끊임없는 감시와 멸시를
당하는 '위협'의 시기를 보내게 된다. 정조가 직접 집필
한 『존현각일기』를 살펴보면 그가 하루하루 바늘방석에

앉은 듯 불안하고 고통스러운 시간을 보냈음을 알 수 있다. 이러한 고난의 시기에서도 세손 정조는 학문과 독서를 습관화하고 할아버지와 함께 왕으로서의 실무를 논하며 성장해 갔다. 1775년 영조의 노환이 심해지자 신하들의 극렬한 반대를 뚫고 우여곡절 끝에 정조는 영조를 대신하여 대리청정을 하게 된다. 이때 척신 홍봉한의 무례한 언동을 살펴보면 당시 세손 정조의 낮은 권위와 어려운 상황을 어렵지 않게 짐작할 수 있다.

4. 불굴과 담대의 군사(君師) 정조 그리고 흉서까지(25~49세, 1776~1800년)

정조는 즉위와 동시에 승하하는 날까지 25년 동안 무너져 가는 조선을 위해 불꽃 같은 삶을 살았다. 그야말로 불꽃 같은 삶을 정치에 헌신한다. 역사가들이 정조의 치세를 조선 후기의 르네상스라고 부를 정도로 조선 사회 전반에 걸친 그의 개혁과 이로 인한 변화의 흐름은

정조의 표준 영정 및 정조의 개혁정치(화성능행)

두드러진다. 세부적인 정조의 업적을 열거하자면, 우선 학풍과 문예를 부흥하기 위한 규장각 설치, 병폐가 심했던 군영체계의 정비, 장용영의 설치, 조부 영조 시기의 탕평의 한계를 뛰어넘는 준론탕평의 실현, 조선 후기 개혁적 신도시로 불리는 '화성'의 축조 등을 들 수 있다. 이러한 혁신적 정책의 수립과 시행은 조선 후기 정치·사회·문화 전반에 커다란 발자취를 남기게 된다.

정조는 앞서 살펴보았듯 현실에서 찾아보기 힘든 지극한 비극의 주인공으로 살아간다. 그러나 그는 이를 극복하고 군사(君師), 즉 유교의 이상적인 군주상인 스승으로서의 군주로 불리게 된다. 홍재(弘齋)라는 첫 번째 호에서 미루어 볼 수 있듯이 이 장에서는 군자로서 넓은 도량을 두고 세상과 더불어 살아간 정조의 삶을 살펴보았다. 이후의 장에서는 비극과도 같은 상실의 삶을 극복하고 조선 역사상 손꼽히는 '명군'으로 남은 정조의 삶에 대해 더욱 깊이 살펴보고자 한다.

3

정조, 비극적 상실을 마주하고
치열하게 극복하다

　우선 이 장에서 우리는 수집된 사료와 문헌을 바탕으
로 정조의 성장환경과 시대적 분위기를 살피고, 당시의
정치적 혼란 속에서 세손 혹은 왕이라는 사회적 지위에
있었던 정조의 상실 경험을 살펴보고자 한다. 다만 상실
에 대한 정의와 분류가 학자별로 다양하기 때문에 이 책
에서 다루는 상실에 대한 정의와 분류가 필요하다. 이
책에서는 정조의 생애 전반에서 발견한 상실 경험을 시
에나 대학교(University of Siena)에서 죽음 교육을 연구하
는 칼라 소프카(Carla J. Sofka)의 네 가지 상실 유형의 분
류 체계를 채택하여 '죽음 상실' '관계 상실' '그 외의 상
실(물리적, 심리적)' '중요한 영향을 끼친 역사적 사건'으

로 인한 상실로 구분하였다. 세부적으로는 정조의 삶에 고통과 슬픔을 주었으리라 판단되는 비극적인 관계 상실을 존속(아버지와 어머니)과 비속(부인과 자식)으로 구분하여 제시하였고, 그 외 상실 중 '구체적 심리적 상실', 즉 혈통의 정체성, 왕위 계승의 정당성, 안전감, 신뢰감을 주요 무형적 상실 경험으로 기술하였다. 자세한 상실의 분류 체계는 아래의 〈표 3-1〉을 따르며, 정조의 삶에서 발견된 상실들은 굵은 글씨로 표시해 보았다.

〈표 3-1〉 소프카의 상실 경험에 대한 분류(윤운영, 2017)

상실 유형	상실 경험		
A. 죽음 상실	• **어머니/아버지** • **자녀** • 친척 • 양모/양부 • 동료	• 연인 • 친구 • **남편/아내** • 형제/자매 • 지지자/상담자	• 조부/조모 • 반려동물
B. 관계 상실	• 자신의 이혼 • 부모의 이혼 • **우정의 상실** • 지지자의 상실 • 자녀와의 관계 단절 • 친구와의 관계 단절	• 자신의 별거 • 부모의 별거 • 동료의 상실 • 상담자의 상실 • 애인과의 이별 • 이웃과의 이별	• 의사의 상실 • **부모와의 관계 단절** • **형제,자매와의 관계 단절**

〈계속〉

C. 그 외 상실	• 집/거주지 상실 • 노숙자로 살기 • 직업 상실 • 독립의 상실 • 통제 상실 • 신체적 건강의 상실 • 비전 상실 • 성(Sexuality)의 상실 • **신뢰의 상실** • **안전(Satety)의 상실** • 유년기/순수성 의 상실 • **자존감의 상실** • 실제 삶의 상실	• 지지자원의 상실 • **정체성 상실** • 경력 상실 • 가능성 상실 • 시간 상실 • 정신적 건강 상실 • 청력 상실 • 인간성 상실 • 이웃의 상실 • **보안의 상실** • 국가의 상실 (난민) • **불운한 사고** • 희망의 상실	• 재산 상실 • 학대 • 일하는 능력 상실 • 자유 상실 • 꿈 상실 • 목표 상실 • 신체적 기능 상실 • 영성/믿음 상실 • 잦은 이사 • 편안함의 상실 • **자신감의 상실** • **존경의 상실** • 사생활의 상실
D. 중요한 영향을 끼친 역사적 사건	• **전쟁 또는 갈등**	• 홀로코스트	• 2001년 9.11 테러

아울러 정조가 보인 애도(Condolence)와 애도의 행동
을 사료를 통해 포착하고 상실 극복과 관련하여 해석하
고자 한다. 이러한 해석은 후행하는 정조의 상실 극복 과
정에 대한 단서를 제공할 뿐만 아니라, 정조가 경험한 상

실과 애도에 대하여 독자들에게 높은 해석력을 제공해 줄 것이다. 이제 정조 이산이 겪은 그 처절한 상실들을 『조선왕조실록』과 『승정원일기』등 역사에 남아 있는 그의 전반적인 삶의 기록을 살피며 어루만져 볼 시간 이다.

1. 정조의 비극적 관계 상실과 극복 과정

1) 아버지 사도세자의 비극적 죽음으로 인해 남겨진 11세 어린이 '이산'

정조의 상실로 인한 상처 중 가장 먼저 살펴볼 경험은 아버지 사도세자의 비극적 죽음이다. 가족의 죽음으로 대표되는 관계 상실은 그 어떠한 상실보다도 가장 큰 슬픔과 고통을 안겨 준다. 아버지의 죽음을 목격할 당시, 정조는 11세였고 기억의 보존 능력과 사고 발달이 충분히 형성되었을 것으로 여겨진다. 다음의 『조선왕조실록』

기사에 사도세자의 죽음을 앞둔 긴박한 상황에 등장한
정조의 행동이 드러나 있다.

　　임금이 세자에게 명하여 땅에 엎드려 관(冠)을 벗게
하고, 맨발로 머리를 땅에 조아리게[扣頭] 하고 이어서
차마 들을 수 없는 전교를 내려 자결할 것을 재촉하니,
세자가 조아린 이마에서 피가 나왔다. ……(중략)……
세손이 들어와 관(冠)과 포(袍)를 벗고 세자의 뒤에 엎
드리니, 임금이 안아다가 시강원으로 보내고 김성응
(金聖應) 부자(父子)에게 수위(守衛)하여 다시는 들어
오지 못하게 하라고 명하였다. 임금이 칼을 들고 연달
아 차마 들을 수 없는 전교를 내려 동궁의 자결을 재촉
하니, 세자가 자결하고자 하였는데 춘방(春坊)의 여러
신하들이 말렸다. 임금이 이어서 폐하여 서인을 삼는
다는 명을 내렸다. ……(중략)…… 하니, 세자가 곡하면
서 다시 들어가 땅에 엎드려 애걸하며 개과천선(改過
遷善)하기를 청하였다.

-『영조실록』 99권,

영조 38년 윤 5월 13일 을해 2번째 기사-

아버지의 죽음을 막기 위해 관과 포를 벗고 아버지 뒤에 엎드려, 감히 임금인 할아버지에게 "아비를 살려 달라."라고 간청하는 세손과 그러한 세손을 안아서 시강원(왕세자의 교육 담당 관청)으로 보내고 다시 돌아오지 못하게 국문장을 봉해 버리는 영조에 대한 『한중록』의 기록들을 미루어 보아 당시 현장의 분위기는 대단히 엄혹하였을 것으로 생각된다. 특히 아버지의 죽음에 친할머니 영빈 이씨의 밀고가 있었다는 사실과, 아버지의 처절한 애걸에도 재차 죽음을 재촉하는 할아버지의 모습을 보고도 아무것도 할 수 없었던 세손 정조의 충격은 대단히 컸을 것이다. 뿐만 아니라 이러한 상실감이 정조의 생애에 큰 영향을 미쳤을 것으로 짐작해 볼 수 있다. 더욱이 아버지 사도세자가 8일 만에 죽음에 이르는 과정 또한 참혹하다. 불볕더위 속, 엄중한 감시 상황, 물도 음식도 없이 좁디좁은 뒤주 속에서 비참하고 치욕스럽게 돌아가신 아버지와 그 죽음에 대한 오명 그리고 소문들을 접했을 것이며 이로 인한 애통함과 외상 또한 대단했을 것이다.

2) 아버지 사도세자를 신원(伸冤)하고 미래로 나아가다

정조의 첫 번째 상실이자 가장 큰 상실로써 사도세자의 비극적 죽음을 선정한 것과 연결되어, 정조의 상실 극복 과정 또한 아버지 사도세자의 신원에서 출발해야 한다고 생각한다. 그에 대한 근거로서 첫째, 즉위 직후 보여 준 "과인은 사도세자의 아들이다."라는 선언을 들 수 있다. 영조의 치세 때는 금기시되던 사도세자와의 혈연 언급을 즉위와 동시에 꺼냈다는 점이 의미심장하다. 다음으로 사도세자의 신원 과업이 일 회에 걸치지 않고 그의 치세 내내, 개혁정치의 한 기조로써 지속적으로 이루어졌다는 측면에서 그 과업의 중요성을 느낄 수 있다.

정조의 사도세자 신원 과업 추진을 시대순으로 구분하면 다음의 3단계로 나눌 수 있다. 이는 세손 시절에 있었던 『승정원일기』 세초를 요청한 일, 즉위 후 바로 수행한 존호(장헌세자) 추존과 부친의 묘지와 사당을 높인 일, 끝으로 당시의 명당인 수원 화성으로 부친 묘소를 이장한 일을 들 수 있다. 이 세 가지 신원 과정에 대한 기록과 해석을 다음에서 살펴보자.

(1) 사도세자의 수치스러운 기록에 대한 『승정원일기』의 세초를 간곡히 요청하다

영조는 정조에게 임오년의 일은 늘 대의(大義)로 행한 일이며 그 처분 또한 사직을 보존하기 위한 대처분이었음을 강조해 왔다. 대의에서 비롯한 일이었기 때문에 영조로서는 아들 사도세자의 비행(卑行)을 상세하게 구체적으로 기록에 남겨 인륜을 벗어난 자신의 결정에 정당성을 부여하고자 했다. 사도세자의 비행에 대해서 사초(史草)로 불리는 실록에는 낱낱이 기록하지 못하였으나, 왕명을 출납하고 왕의 입장이 더욱 소상히 기록되는 『승정원일기』에는 대단히 적나라하게 드러나 있을 것이었다. 정조는 아버지의 비행이 사실 여부를 떠나 소상히 기록된 상황을 대단히 안타까워했으며 가슴에 맺힌 '한'으로 받아들인 듯하다.

내가 그지없는 아픔을 생각하면 어찌 일찍이 먹고 숨 쉬는 사이에 조금이라도 늦추어진 적이 있겠는가? 그런데 이제 또 대조의 명을 받아 외람되게 송사(訟事)를 듣고 판단하는 책임을 맡았으니, 모년(某年)의 일기(日記)를 어찌 차마 볼 수 있겠는가? 이것을 버려두고 태연하게 여긴다면, 이것이 어찌 아들의 도리이겠는가? 지금의 의리로는 모년의 일에 대하여 군신 상하(君臣上下)가 다시는 눈을 더럽히고 이[齒]에 걸지 말아야 옳을 것이다. 사초(史草)로 말하면 명산(名山)에 감추어 만세(萬世)에 전하는 것이므로 사체(事體)가 중대하여 논할 수 있는 것이 아니다마는, 일기는 이것과 달라서 그것이 있든 없든 관계되는 것이 없다. 이제 이것을 내가 청정(聽政)한 뒤에도 둔다면 장차 무슨 낯으로 백료(百僚)를 대하겠는가? 내가 말하고 싶은 것은 많으나 억제하고 차마 말하지 못한다.

-『영조실록』 127권,

영조 52년 2월 4일 병오 2번째 기사-

이번에 하교한 것은 나라를 위하고 충자(沖子)를 위한 것이나, 오히려 미진한 것이 있었다. 왜냐하면 비사

(秘史)는 의논할 수 없더라도, 『정원일기(政院日記)』로 말하면 천인(賤人)들도 다 보고 사람들의 이목(耳目)을 더럽히는 것이다. 사도(思悼)가 어두운 가운데에서 알면 반드시 눈물을 머금을 것이니, 어찌 후세에 유족(裕足)을 끼치는 뜻이겠는가? ……(중략)…… 승지(承旨) 한 사람이 실록(實錄)의 예(例)에 따라 주서(注書) 한 사람과 함께 창의문(彰義門) 밖 차일암(遮日巖)에 가서 세초(洗草)하라. 내 마음은 종통(宗統)에 대하여 광명(光明)하나 이 일은 수은(垂恩)에게 차마 못할 일이었으니, 이번 하교는 병행하여도 어그러지지 않을 것이다.

-『영조실록』 127권,

영조 52년 2월 4일 병오 3번째 기사-

연속되는 실록의 기사에서 세손 정조의 간곡한 요청을 받아들인 영조가 사도세자의 임오화변 당시 기록이 담긴 『승정원일기』의 세초를 허락한 사실을 확인할 수 있다. 세손은 사도세자 사망 후 14년 동안 금기시되었던 부친의 비사(祕史)를 인정과 효심에 의지하여 할아버지에게 호소하였고, 할아버지 또한 명분은 옳았으나 행위의 정도가 심했음을 인정하고 종국에 이르러 세초를 허락하였다. 아울러 아버지의 욕됨을 세초를 통해 덜어 주는 것이 세손의 왕위 계승에 유리할 것이라는 영조의 판단에 대한 해석도 가능하다.

세초 상소를 올리고 수은묘(사도세자의 묘)에 들어선 정조가 슬픔을 가누지 못하고 엎드려 잔디를 어루만지며 옷소매가 온통 젖도록 날이 저물 때까지 목 놓아 울었다는 기록을 보면, 그동안의 상실과 슬픔이 얼마나 컸는지, 또 세초의 허락이 얼마나 큰 회복의 실마리였는지를 알 수 있다. 세초 논의를 통해 정조는 아비의 오명을 현저히 덜어냈음은 물론이고, 행위 당사자였던 영조의 허락을 통해 앞으로의 신원에 정당성을 어느 정도 확보하였음을 살펴볼 수 있다.

(2) 사도에서 장헌으로 수은묘에서 영우원으로, 존호, 봉호, 사당 추존을 노력하다

영조 말년에 『승정원일기』 세초를 통해 아버지의 신원을 공식적으로 시작한 정조는 즉위와 동시에 그 과업으

로 한걸음 더 나아간다. 그것은 궁색하고 영락하게 방치되어 있던 부친의 묘소인 수은묘와 그 부속 의례를 한 단계 높이는 것이었다. 일찍이 사도세자의 명예회복과 관련한 어떠한 시도도 있어서는 안 될 것이라 밝혀 왔던 조부의 뜻을 거스르는 행위로 비칠 수 있었으나, 효(孝)를 행한다는 명분 앞에 즉위년 3월에 신원 과업을 단행하였다.

사도세자(思悼世子)의 존호(尊號)를 추후하여 올려 '장헌(莊獻)'이라 하고, 수은묘의 봉호(封號)를 '영우원(永祐園)'이라 하고, 사당을 '경모궁(景慕宮)'이라 하였다. 이어서 존봉(尊奉)하는 의절을 송(宋)나라 복왕(濮王)의 고사에 따라 마련하고 ……(중략)…… 임금이 말하기를, "선조(先朝)에서 시호를 '사도'라고 하신 것은 성스러운 뜻이 있으신 것인데, 지금 내가 오직 종천(終天)의 슬프고 사모하는 마음을 나타내려고 한 것일 뿐이다. ……(후략)"

-『정조실록』 1권,

정조 즉위년 3월 20일 신묘 1번째 기사-

우여곡절 끝에 즉위한 정조는 아직 정치적 기반이 잡히기도 전에 사도세자의 존호를 장헌으로, 궁색하기 그지없고 을씨년스럽던 아버지의 묘소를 영우원으로, 아버지를 모시는 사당을 경모궁으로 한 단계씩 추존하였다. 여기서 더 나아가 추존 이후에 친히 비문을 써 올리고 예우에 걸맞은 작헌례를 시행하였다. 공식적으로는 죽은 백부 효장세자의 아들임에도 즉위 일성인 "과인은 사도세자의 아들이다."의 맥락과 같이 '인정(人情)'의 명분을 통해 과감한 결단을 내린 것이다. 당시의 가치관과 사회 풍습에서는 부모 또는 조상에 대해 생전의 예와 더불어 사후의 예 또한 대단히 중요하게 여겼음은 널리 알려져 있다. 정조는 비극적으로 사망한 부친을 위해 왕으로서 아버지의 묘소를 단장하고 생전의 신분에 걸맞게 추존하는 행위를 통해 임오화변의 비극적 상실 극복에 한걸음 나아간 것을 알 수 있다.

(3) 아버지를 현륭원에 이장하다

다음은 현륭원 이장사업(공역)의 완성 직전, 친히 아버지 장헌대왕의 지문을 지어 올린 것으로 아버지에 대한 정조의 부채 의식과 효심 등을 확인할 수 있는 자료다. 이에 더해 우리는 정조가 아버지에게 용서를 비는 듯한 형식을 빌려 말하고자 하는, 혹은 위로받고자 하는 지점들을 느낄 수 있다.

현륭원(顯隆園)은 수원부(水原府) 화산(花山)에 있는데 계좌 정향(癸坐丁向)입니다. 기유년 가을에 금성위(錦城尉) 박명원(朴明源)이 옛 원(園)은 체제상 결함이 많다고 건의하면서 고쳐 쓰자고 청해서, 드디어 화산에다 자리를 잡았는데 ……(중략)…… 아, 불효한 이 아들이, 천지에 사무치는 원한을 안고 지금껏 멍하고 구차스럽고 모질게 목석처럼 죽지 않고 살았던 것은, 소자에게 중사를 맡겼기 때문이었습니다. 이에 그 뜻에 보답할 수 있게 되기를 자극한 심정으로 비나니, 아, 하늘이시여. 사람이 하고 싶어 하는 일은 하늘이 들어주는 것인데, 이 소자는 감히 기필코 이렇게 해야만 소자가 죽지 않

은 이유에 대해서 천하 후세에 떳떳이 말할 수 있지 않
겠습니까.

-『정조실록』 28권,

정조 13년 10월 7일 기미 4번째 기사-

앞의 기사에서 발견한 "불효하였다. 원한이 사무친다.
죽지 않고 살았던 것은 중요한 일이 있어서이며 이에 그
일을 하는 중이다."와 같은 정조의 처절한 언급을 미루
어 보아, 후세에 떳떳하다는 그 표현 자체가 아버지의 신
원이야말로 일평생의 과업임을 천명한 표현이며, 현륭
원 이장이 그 완성이 아닌 과정에 불과하다는 것을 볼 수
있다. 하지만 이 역사(役事)를 통해 아버지의 비극적 죽
음과 그에 따른 상실이 상당 부분 극복되었다는 점과, 앞
으로의 신원 의지에 대한 결기를 확인할 수 있다.

하나 더 주목해 볼 점은 이러한 부친의 신원(伸冤) 과
정이 지고한 권력을 지닌 왕이 되어 단 한 번에 추진한
것이 아니라, 그러한 중사를 하나하나 점진적으로 협
의하고 신료들과 협치하며, 때로는 읍소하고 인정에

호소하는 등 다양하고 유연한 방식으로 풀어 나갔다는 것이다.

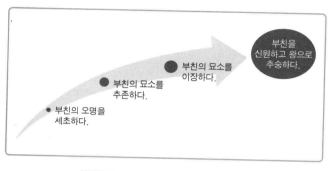

그림 3-1 부친의 신원(伸冤) 과정

2. 정조의 정체성 상실과 극복 과정

1) 강제로 아버지가 지워지고, 어려서 죽은 백부 효장 세자의 양자가 되다

임오년에 비극적인 부친의 죽음을 경험한 뒤, 정조는 모친인 혜경궁 홍씨와도 물리적으로 단절되었다. 2년 후 영조 40년, 그는 과거 어릴 때 사망한 백부인 효장세자의 양자 신분으로 왕실의 후사를 잇게 되었다. 이와 관련한 내용을 실록과 『한중록』의 사료를 통해 살펴보자.

지금 나는 너를 효장(孝章)의 후사로 삼았다. 아! 몇 년이나 끊어졌던 종통(宗統)이 다시 이어졌으니, 동궁의 칭호를 전대로 쓰는 것은 마땅치 않다. 의당 근본부터 바꾸어야 하는 것이다. 아! 막중한 3백 년 종통에 나는 자식의 자리가 없었고 너에게는 아비의 자리가 없었으니, 이것을 중절(中絶)이라고 하는 것이다. 이번 일로서 일후에 혹 사설(邪說)이 일어난다면 이는 한갓 우리 종통을 어지럽힘이 될 뿐만 아니라, 내가 무슨 낮으로 지하에 돌아가 열성조를 뵙는단 말이냐? ……(중략)…… 아! 위호(位號)를 회복하고 묘우(廟宇)를 세웠으니 너의 아비에게는 더없이 곡진(曲盡)하다 하겠다. 이 뒤에 만일 다시 이 일을 들추어내는 자가 있다면 이는 아비도 없고 임금도 없는 역신(逆臣)인 것이며, 너도 혹 그러한 말에 동요되면 이 또한 할아비를 잊고 아비를 잊은 불효가 된다.

－『영조실록』 103권,

영조 40년 2월 23일 을사 2번째 기사－

이처럼 이미 사망한 백부의 양자가 되어 자신의 아버지 존재를 부정당하고, 사가로 쫓겨난 어머니를 두고 홀로 입궁해야 했던 11세의 소년 정조는 다시 한번 심리적 상실을 경험한 것으로 보인다. 모친인 혜경궁 홍씨가 작성한 『한중록』에도 당시 정조의 슬픔과 상실감을 찾아볼 수 있다.

갑신년 처분(양자 입적)은 너무도 천만 뜻밖이니 위에서 하신 일을 감히 아랫사람이 이렇다 하리오마는 내가 화변 때 모진 목숨을 끊지 못하였다. 그리하여 이 일을 당할 줄은 천만 죄한이다. 세손이 종일 음식을 끊고 울면서 과상하시는지라 ……(중략)…… 그해 섣달에 소칙이 나오니 자상께서 세손을 데리고 혼궁에 오셔서 칙소를 받자오시고, 환궁할 때 세손을 도로 데리고 가시려다가 세손이 어미 떠나기가 슬퍼서 우는 모양을 보시고 세손이 너를 차마 떠나지 못하여 저리 슬퍼하니 두고 가자 하고 말씀하셨다. 세손이 대조를 모시고 가면서 어미가 인정 없이 떼어 보내는 것이 섭섭하여 무수히 울고 가시니, 내 마음이 어떠하리오마는…….

-『한중록』 제 3권, 신동운 역, 2020-

결과적으로 정조는 정체성을 형성할 청소년기에 강제적인 양자 입적 그리고 어머니와의 물리적 단절을 경험하였으며, 이는 그의 정체성 상실로 연결 지어 볼 수 있다. 혈연과 효를 중요하게 여기던 당시 조선의 시대상을 고려할 때, 어린 정조는 누구를 부모로 모셔야 하는지, 자신의 뿌리가 어디에 있는지 갈등하는 등 정체성에 위협을 받았던 것으로 판단된다. 실제로 정조는 즉위 즉시 양부를 진종(眞宗)으로 추존하였으나, 자신의 치세가 안정된 이후에도 끝내 친부를 왕으로 추존하지도, 친모에게 대비의 존호를 올리지도 못하였다. 이러한 일련의 행보는 왕위 계승 및 권력 다툼의 상황을 참작해야겠으나, 10대 초반에 부친의 비극적 죽음과 어머니와의 단절, 강제적 양자 입적 등의 심각한 상실 경험과 밀접한 관계가 있다고 볼 수 있다.

2) 예(禮)와 인정(人情)의 병행 추구를 통한 정체성 상실 극복

영조는 왕위 계승 정당성의 시비에서 벗어날 수단으로, 정조를 어려서 죽은 백부 효장세자의 양자로 입적시킨다. 앞서 그러한 입적 과정에서 받았을 정체성의 상실감을 살펴보았다. 그렇다면 정조는 어쩔 수 없이 핏줄을 부정당하고 아버지 사도세자와 어머니 혜경궁 홍씨의 아들임을 드러낼 수 없는 상실을 어떻게 극복하였을까? 다음의 두 가지 사건을 바탕으로 극복의 단서를 찾아보자.

(1) 과인은 사도세자의 아들이다

1776년 3월 10일, 경희궁 숭정전에서 정조는 조선의 22대 국왕으로 등극하였다. 구장복을 입고 면류관을 쓴 그는 숭정전에 올라 조정의 대신들에게 즉위 첫 일성을 외쳤다.

"과인은 사도세자의 아들이다."

신료의 상당수는 사도세자라는 말이 나왔을 때 무척 당황했을 것이다. 이러한 선언의 진의(眞義)가 '혹여 사도세자의 죽음과 관계된 자신들을 해하겠다는 원한의 외침은 아닐까?'라는 의구심에 휩싸였을 것이다. 그러나 그 한 문장의 일성 이후에 나온 정조의 윤음(綸音)은 복수의 뜻이라기보다는 자신의 정체성을 확실히 하고자 하는 통치의 원칙에 가까운 내용이었다.

아! 과인은 사도세자(思悼世子)의 아들이다. 선대왕께서 종통(宗統)의 중요함을 위하여 나에게 효장세자(孝章世子)를 이어받도록 명하셨거니와, 아! 전일에 선대왕께 올린 글에서 '근본을 둘로 하지 않는 것[不貳本]'에 관한 나의 뜻을 크게 볼 수 있었을 것이다. 예(禮)는 비록 엄격하게 하지 않을 수 없는 것이나, 인정도 또한 펴지 않을 수 없으니, 향사(饗祀)하는 절차는 마땅히 대부(大夫)로서 제사하는 예법에 따라야 하고, 태묘(太廟)에서와 같이 할 수는 없다. 혜경궁(惠慶宮)께도 또한 마땅히 경외(京外)에서 공물을 바치는 의절이 있어야 하나 대비(大妃)와 동등하게 할 수는 없으니, 유사(有司)

로 하여금 대신들과 의논해서 절목을 강정(講定)하여
아뢰도록 하라.

-『정조실록』1권,

정조 즉위년 3월 10일 신사 4번째 기사-

앞의 기사에서 선대왕 영조의 권위와 유명을 지키는
것은 '예(禮)'를 따르는 것이요, 그것을 거스를 의사가 없
음을 밝힌다. 그러나 그에 앞서 전교의 서두에 사도세자
의 아들임을 분명히 밝히는 것은 '인정(人情)'임을 표명
한다. 임오화변의 일을 언급하는 것은 시대의 금기였으
며 사도세자의 아들이란 사실이 역적지자(逆賊之子)의
오명을 확대하는 행위임을 세손 시절부터 느껴 온 정조
였다. 그런데도 즉위와 동시에 자신의 정체성이 예와 인
정 그 두 가지 유교적 덕목을 함께 품고 있다는 점을 널
리 표방한 것이다.

(2) 혜경궁 홍씨를 자궁(慈宮)으로 높이고 지극히 모시다
임오화변으로 남편과 사별하고 자식과 단절된 혜경

궁 홍씨의 심정을 『한중록』을 통해 살펴보았다. 왕비, 더 나아가 왕대비가 될 운명이었던 혜경궁 홍씨는 순식간에 서인으로 격하되어 사가로 내쫓긴다. 『한중록』의 다른 이름은 『읍혈록(泣血錄)』이다. 즉, 피를 쏟는 마음으로 쓴 이 책에는 당시 혜경궁 홍씨가 느낀 좌절과 절망이 드러난다. 특히 어린 세손이 왕명에 따라, 어려서 죽은 백부 효장세자의 양자로 입적했을 때 혜경궁은 극도로 비통한 심정을 여과 없이 표출하였다. 이와 같은 상황에서 어머니와 2년여간 물리적으로 이별해야 했던 정조 또한 커다란 상실감과 무력감을 느꼈음을 짐작할 수 있다. 어머니에 대한 정조의 유별난 효심은 이때의 상실감, 무력감, 또 어머니에 대한 죄스러움에서 기인한 것으로 판단된다.

왕비를 높이어 왕대비로 삼고 혜빈(惠嬪)을 혜경궁(惠慶宮)으로 삼았으며, 빈궁(嬪宮)을 책립하여 왕비로 삼았다. 예조에서 존숭(尊崇)하는 칭호를 가지고 여쭈자, 영의정 김상철(金尙喆)이 아뢰기를 ……(중략)……

백관 및 외방에 있는 유신(儒臣)들의 의논을 모으도록 명했는데, 이의가 없자, 이어서 왕비를 존숭하여 왕대비로 삼았다. 대신이 또한 혜빈궁(惠嬪宮)의 칭호를 아뢰니, 임금이 말하기를, "혜(惠)자는 곧 선왕께서 내리신 칭호이니, 단지 빈(嬪)자만 고쳐야 한다." 하였다. 통탄스럽다. 오직 의지하고 살아가는 바가 자궁(慈宮)이었다.

- 『정조실록』 1권,

정조 즉위년 3월 10일 신사 2번째 기사-

정조는 생모인 혜경궁 홍씨를 법도에 따라 대비로 올리지는 못하였지만, 대비와 왕비 사이에 해당하는 자궁으로 높임으로써 생모의 존재와 권위를 높여 주었다. 그 후에도 외할아버지 홍봉한 등을 견제하기 위한 수많은 상소를 유연하게 넘기며 어머니의 집안을 보호해 주었다. 특히 1796년 혜경궁 홍씨의 환갑연을 국가적인 행사로 격상하여 수원행궁으로 대대적인 행차를 할 정도로 친어머니의 위상을 지켜 주었다. 수원화성 봉수당 뒤쪽에 지금도 전시된 화성행차 8폭 병풍도에는 한양에서 출발해 화성 행차까지 소요된 8일간의 여정이 기록되어 있는데 복식의 화려함과 행사의 규모가 대단했다. 공식적으로 어머니의 지위를 높여 주지 못한 응어리를 해소하듯 정조는 어머니의 33년 만의 출궁과 새롭게 단장한 아버지의 묘소에서의 가족 해후라는 국가적 이벤트를 통해 당시 정조가 상실에 매몰되지 않고 성장에 이르렀음을 추측할 수 있다.

이와 같이 아버지 사도세자와 어머니 혜경궁 홍씨의 추숭과 존중이라는 행위를 통해 죽은 백부, 백모의 양자가 된 시점에서도 친부, 친모의 공식적인 지위를 지키고 확인해 준다는 것이 당시의 예법 체계에서는 부담스러운 행위였다. 하지만 정조는 자신의 분명한 정체성을 세상에 천명하고 동시에 앞서 겪은 정체성의 상실을 당당히 극복하였음을 확인할 수 있다.

3. 정조의 정당성 상실과 극복 과정

정당성(legitimacy)은 '정통성'이라고도 하며 '정의'나 '법' 등 다양한 측면에서 언급된다. '정치'의 문맥에 있어서 '정당성'은 '지배'와의 관련이 중요하다. 정치적 지배는 관습이나 물질적 이해 또는 정서적인 동기에 의해 공공연한 폭력이나 강제로 그 명령을 시인하도록 하는 근거를 획득하는 경우도 있다. 사회과학자 막스 베버(Max weber, 1922)는 정당성이 뒷받침된 지배의 세 가지 종류로서 합법적 지배, 전통적 지배, 카리스마적 지배를 꼽았는데 이 중 전통적 지배는 종래부터 존속하는 질서와 지배 권력의 신성성에 정당성을 갖는 지배다. 지배권을 왕권으로 치환하고 시대를 과거로 거슬러 본다면, 중국을 중심으로 하는 유교문화권의 왕권이란 단순히 정치적인 통치권 이상을 의미하며 형식상으로는 실제적 통치 권한인 물리적 요소와 더불어 추상적이고 관념적인 사직과 종묘, 종교 등에 대한 제사권을 포함한다. 이러한 측면에서 정조는 친부에 대한 제사권을 박탈당하고 양부에 대한 제사를 강요당한다. 아울러 왕위 계승의 정당성을 위협받는 다양한 위기 상황에서는 신하들에게 무시와 모멸을 받으며 자신감의 상실, 자존감의 상실 또한 경험하게 된다.

1) 척신과 친족으로부터 끊임없는 무시와 모멸을 받다

세손 이산은 1759년(영조 35년)에 왕세손으로 책봉되어 1776년 25세의 나이로 즉위할 때까지 세손이라는 신분과 그 정당성을 위협받았는데, 그 위협이 어떠한 양상으로 자존감과 자신감의 상실에 영향을 주었는지 사료를 통해 살펴보았다.

"(전략)……'전선(傳禪)한다'라는 두 자(字)를 하교하고자 하나, 어린 세손의 마음을 상하게 할까 두렵기에 말하지 않겠다. 그러나 청정(聽政)하는 일에 이르러서는 본래부터 국조(國朝)의 고사(故事)가 있는데, 경 등의 생각은 어떠한가?" ……(중략)…… 하니, 적신(賊臣)

홍인한(洪麟漢)이 앞장서서 대답하기를, "동궁께서는 노론과 소론을 알 필요가 없으며, 이조 판서와 병조 판서를 알 필요가 없습니다. 조정의 일에 이르러서는 더욱이 알 필요가 없습니다." 임금이 흐느껴 울다가 기둥을 이르기를 "경 등은 우선 물러가 있거라." …… (중략)…… "나의 사업(事業)을 장차 나의 손자에게 전할 수 없다는 말인가?"

-『영조실록』125권,

영조 51년 11월 20일 계사 1번째 기사 1775년-

사료에서는 동궁이 조정의 일에 대해 전혀 알 필요가 없다는 홍인한의 발언을 통해 당시 집권 세력은 동궁의 왕위 계승에 대해 대단히 부정적인 시각을 지니고 있었으며, 82세의 임금 앞에서 공식적 왕위 계승자인 세손을 무시하고 능멸하는 발언을 서슴지 않고 있었다는 것을 알 수 있다. 이는 당시 조정의 분위기를 분명하게 보여주는 기록이며 사관의 부연 설명에서도 "홍인한이 딴마음이 없었다면 삼불필지설과 같은 말은 신하된 자로서 감히 입에 나올 것이 아닌 것이다."라는 내용이 있었으므로 이를 미루어 보아도 멸시당하는 세손의 처지가 분명하게 확인된다.

비록 정조가 일찍 세상을 떠난 효장세자의 양자로서 왕위의 정당성이 형식적으로나마 확보가 되었으나, 비극적이고 치욕적으로 세상을 떠난 '역적' 사도세자의 아들로서의 그림자는 여전했다. 죄인지자 불위군왕(罪人之子不爲君王)으로 대표되는 노론 벽파의 흉언(凶言)이 만연했다는 점에서도 정조의 정당성의 부재와 이로 인한 전통적 지배 권력의 약화는 그가 왕위에 오르는 그날까지 스스로에게 자존감의 상실을 유발하였다.

2) 명실상부한 군사(君師)를 표방하여 무너진 권위를 스스로 세우다

군사(君師)란 군주이자 스승이라는 뜻으로서 유가에서 군주가 보여 줄 수 있는 통치 철학 중 최선의 가치라 할 수 있다(大學). 정조는 임금이 신하들에게 배움을 청하는 자리인 경연에서 신하들의 성리학적 지식을 압도하는 학문의 품위를 보여 주었으며 이러한 자신감을 바탕으로 조선 유학계의 지고한 '군사(君師)'임을 선언하였다.

(1) 유자(儒子)의 정점에서 군사(君師)가 되다

실록의 기사들은 정조가 신하들에게 성리학적 이론들과 이념들에 대해 강론한 내용이다. 이 강론들에서 정조가 스스로 생각한 본인의 학문적 품위와 신하들의 수용 혹은 인정을 살펴볼 수 있다. 신하들 앞에서 스스로 조선 유학의 적통이 본인에게 있음을 늘 천명할 수 있는 것의 바탕에는 그의 성리학에 대한 깊은 자신감이 엿보인다.

> (전략)…… 임금이 말하기를, "정일집중(精一執中)의 공부를 함양(涵養)과 성찰(省察)에 나누어 붙인다면 성찰에 다 붙여야 하겠는가, 아니면 함양에다 붙여야 하겠는가?" 하니, 이재학이 말하기를, "신은 본디 강구(講究)해 본 적이 없어 감히 억견(臆見)으로 대답할 수 없습니다. 집중(執中)은 함양에 붙여야 할 것 같고 정일(精一)은 성찰에 붙여야 할 것 같습니다." 하자, 임금이 말하기를, "그렇지 않다. 함양이 없다면 어떻게 성찰할 수 있겠

는가? 함양과 성찰은 당연히 아울러 보아야 할 것이
요, 나누어 예속시키는 것은 부당하다."

-『정조실록』3권,

정조 1년 2월 8일 갑진 1번째 기사-

    왕은 함양과 성찰이라는 성리학 이론에 대해 강의하
고 부족한 부분을 주자의 훈고를 통해 일컬어 짚어 주었
다. 이에 신하들이 이를 합당하다 여기고 새겨듣는 모습
을 발견할 수 있다. 본디 경연의 장에 참여한 신하들은
성리학적 수준이 대단히 높은, 이른바 엘리트들이다. 이
들은 왕과 토론하는 것을 두려워하지 않으며 오히려 왕
에게 가르침을 주는 것이 본인들의 소임이라 여긴다. 이
러한 관계를 자연스럽게 역전시킨 정조의 학문적 자신
감을 엿볼 수 있다. 특히 정치적 완숙기라 할 수 있는 치
세 후반의 기록에서는 스스로를 군사(君師)의 지위에 놓
고 스승과 도에 대한 책임을 표방하였으며, "사문의 대
일통한 도가 왕에게 있다."라는 표현에서는 조선 유학의
정점에 본인이 자리한다는 점을 천명한다.

(2) 선비의 스승으로서 초계문신(抄啓文臣)을 기르고 유
    자(儒子)들의 스승이 되다

정조는 성리학적 이상정치를 펼침에 있어 신하들의
학문 수준이 실로 부족하다고 느꼈던 것으로 보인다. 과
거에 합격하여 임용된 문신들의 경학 수준이 떨어진다
고 판단한 정조는 37세 이하의 당하관 중 젊고 재능 있
는 문신들을 의정부에서 초빙하여 규장각에 위탁 교육
을 하고, 40세가 되면 졸업시키는 인재 양성의 시스템을
강구하였다. 이 제도가 그 유명한 초계문신제도다. 초계
문신들의 교육과정은 과강, 과제, 강제가 주축이었는데
왕이 직접 교육에 임하는 친강과 직접 시험을 살피는 친
시가 매달 있을 정도로 엄격하고 중요한 제도였다. 정조
가 승하할 때까지 10차에 걸쳐 138인의 초계문신이 배
출되었는데, 『정조실록』에서는 관련 기사가 278건이나
되고 친강(親講)과 친시(親試)의 기사들을 쉽게 찾아볼
수 있다. 이를 통해 정조가 굉장한 정성과 애정을 들여
이 제도를 운용하였음을 추측할 수 있다.

특별히 삭서(朔書)에서 말등(末等)을 한 문신 안임권(安任權)에게 지필묵(紙筆墨)을 상으로 내렸다. 이때 여러 문신들이 글씨를 대필(代筆)한 사람이 많았는데, 안임권은 필재(筆才)가 졸렬한데도 스스로 썼기 때문에 상을 주어 권장한 것이었다.

-『정조실록』3권,

정조 1년 5월 1일 을축 1번째 기사-

특히 비록 필재는 졸렬하여도 대필을 하지 않고 본인의 생각을 표현한 신하에게 상을 내리는 등의 행동에서, 전통적 유학의 경전 외우기 학습을 넘어 왕의 생각을 읽고 이를 수행하는 신하들을 적극적으로 발굴하고자 한 뜻이 확인된다.

앞의 기사들을 종합하여 말하자면 정조는 수사적인 의미로서의 스승을 넘어서서 때로 공부하지 않는 신하들을 엄히 꾸짖고 벌하기도 하였으며, 고전과 경서에 대한 깊은 이해를 바탕으로 신하들의 상소와 그 안의 논쟁 앞에서도 당당하였다. 더 나아가 정조는 신하들에게 항상 성리학적 정통 이념에 기반한 정답을 제시하였다. 수

기(修己)의 측면에서도 왕은 늘 경계하고 스스로를 통제하였기 때문에 신하들로부터 군주의 위상에 대한 어떠한 문제 제기도 있지 않았다. 그야말로 성리학에서 말하는 군자의 풍모를 보여 줌으로써 '왕'으로서의 권위를 스스로 회복하였음을 알 수 있다. 이러한 학문적 자신감과 조선 성리학의 대통이 자신에게 있다는 자기인식은 세손 시절 신하들에게 받은 핍박과 권위 상실을 완전히 극복하였다는 방증이 될 수 있다.

4. 정조의 심리적 안전감 상실과 극복 과정

1) 거듭되는 암살과 역모의 위협 속에 누란지위(累卵之危)의 마음으로 살아가다

심리학자 에이브러햄 매슬로(Abraham Maslow)가 주창한 욕구 단계 이론의 2단계는 안전 욕구(safety needs)다. 안전은 인간 생활에서 매우 중요한 요소다. 개인의 안전에 대한 욕구는 또한 인간의 기본적 욕구에 해당하기에 생리적 욕구와 더불어 대표적인 결핍 욕구(deficiency needs)의 하나로 분류할 수 있다. 이러한 결핍 욕구는 상위 욕구에 비해 더 강하고 우선적이다. 인간은 필연적으로 행복감과 안녕 등과 같은 심리적 안전감을 유지하고 추구한다. 심리적 안전감은 '업무환경에 있어 구성원이 자신의 업무나 조직이 수행하는 방법에 관해 질문을 제기하며, 오류를 보고하거나 새로운 의견 및 아이디어 등을 제시하는 행동을 하였을 때 자신의 이미지나 경력, 혹은 지위 등에서 다른 사람들이 부정적인 반응을 보일 것이라는 두려움 없이 표현할 수 있는 믿음'으로 볼 수 있다(이도형, 2020). 심리적 안전감의 또 다른 정의는 '새로운 일에 실패했을 때나 특정한 논쟁이 일어날 때 발생하는 대인적 위협으로부터 안전하다고 느끼는 구성원들의 공유된 안정감'이다(이도형, 2020).

그렇다면 정조는 1759년(영조 35년)에 왕세손으로 책봉되어 1776년 25세의 나이로 즉위할 때까지 심리적으로 안전한 삶을 영위하였는지, 또 즉위 후에는 왕으로서 그동안의 위협을 어떻게 종결지었는지 다음의 사료(『명의록』)를 통해 세손 시기와 임금으로서 재위 초기에 나타난 심리를 각각 살펴보기로 하자.

> 내가 이렇게 일기를 쓰는 것은 지금 당하는 핍박을 후세에 전하여 알게 하기 위해서다. 임금을 만날 때도 몸을 구부리지 않았고 신발 끄는 소리를 탁탁 내며 전혀 삼가고 두려워하는 뜻이 없었다. 흉도들이 심복을 널리 심어 놓아 밤낮으로 엿보고 살펴 위협할 거리로 삼았다. 두렵고 불안하여 차라리 살고 싶지 않았다. 사관이 기록을 못하는 지경이었다. 홍인한의 권세가 나라보다 더 대단했다. 바늘방석에 앉은 것처럼 두렵고 달걀을 포개 놓은 것처럼 위태롭다. 적도와 역당들이 흉모를 빚어내어 위태롭게 만드니 밤낮으로 좌우에서 몰래 엿보는 무리 때문에 난 옷을 벗고 편안히 잠을 자지도 못했다.
>
> ─『명의록』 권수(卷首) 존현각일기편─

『명의록』의 자료 일부에서 찾을 수 있듯이, 세손 시절 정조는 신하들의 오만방자함에 스스로가 핍박을 받는다고 명백하게 인식하였으며, 흉도들로 표현된 신하들로부터 왕위 계승자로서 안전의 위협을 물리적, 심리적으로 받아 왔음을 알 수 있다. 영조의 노쇠화가 두드러지던 이 시기에 정적들로부터의 끊임없는 감시와 견제 같은 심각한 위협은 정조의 심리를 불안 상태에 다다르게 하였음을 확인할 수 있다. 정조는 이 시기에 자신의 뜻과 생각, 국정에 대한 의견을 마음껏 밝힐 수 없었으며 앞 장에서 발견한 정당성 상실과 동시에 척신 세력들에게서 자신의 안전감을 보장받을 수 없음을 느끼게 되고, 앞의 기사와 같이 극심한 불안과 두려움을 느껴 잠을 편히 자지 못하는 등 깊이 근심했을 것이다. 한편 아래의 사료는 정조 재위 1년에 발생한 역모 사건으로, 이른바 정유역변(丁酉逆變)으로 불리는 암살미수 사건의 기록이다.

대내(大內)에 도둑이 들었다. 임금이 어느 날이나 파조(罷朝)하고 나면 밤중이 되도록 글을 보는 것이 상례이었는데, 이날 밤에도 존현각(尊賢閣)에 나아가 촛불을

켜고서 책을 펼쳐 놓았고, 곁에 내시(內侍) 한 사람이 있
다가 명을 받고 호위(扈衛)하는 군사들이 직숙(直宿)하
는 것을 보러 가서 좌우(左右)가 텅 비어 아무도 없었는
데, 갑자기 들리는 발자국 소리가 보장문(寶章門) 동북
(東北)쪽에서 회랑(回廊) 위를 따라 은은(隱隱)하게 울려
왔고, 어좌(御座)의 중류(中霤)쯤에 와서는 기와 조각을
던지고 모래를 던지어 쟁그랑거리는 소리를 어떻게 형
용할 수 없었다.

-『정조실록』 4권,

정조 1년 7월 28일 신묘 1번째 기사-

세손 시절 위협받던 정치적 입지의 위협과 안전감의
상실이 왕이 되고 나서도 반란의 형태로 심화되자 정조
는 정치적 입지의 강화를 위해 소위 척신이라고 불리는
정치적 숙적들, 즉 홍인한과 정후겸을 귀양 보내고 노론
벽파와 정순왕후 일파를 숙청하였다. 다만 이러한 개혁
드라이브는 권력을 오로지하던 노론들의 연속적인 역모
사건[홍상범의 암살단 범궐 사건, 홍계회의 며느리인 효임의
무고(巫蠱)사건, 은전군 이찬 추대사건]으로 격화되었다. 특

히 정유역변은 정조 즉위 원년(1777)에 일어난 사건으로서 가장 경계가 삼엄하고 철저하게 보호받아야 할 왕의 침전에 불현듯 역도가 들어와 암살을 시도한 사건이다. 앞의 기록을 보면 당시 정조가 처한 안전감의 위기가 얼마나 컸는지 짐작할 수 있다. 즉위와 동시에 쏟아지는 암살과 역모 사건은 빈번하고 집요한 안전의 위협을 의미한다. 이는 곧 정조의 심리적 불안감을 극대화하며 그의 심리적 안전감을 해체했을 것으로 판단된다.

2) 척신을 척결하고 장용영을 설치하여 강건을 회복하다

(1) 존재를 위협하는 척신을 척결하다

세손 시절 그리고 즉위 직후에도 정조는 척신들의 위협 때문에 안전감의 상실을 경험하였다. 앞서 정조가 늘 불안하고 괴로워했던 순간들을 기록을 통해 살펴보았다. 척신(戚臣)이란 임금과 성이 다르지만 일가로 볼 수 있는 신하들을 말한다. 정조는 이 괴로움의 근원에 있는 두 명의 척신으로 정후겸과 홍인한을 염두에 두었다. 정후겸은 아버지 사도세자의 동생 화완옹주의 양자이며 영조에게 사랑하는 손자라는 말을 들으며 엄청난 세도를 누려 왔다. 홍인한은 외조부 홍봉한의 이복동생으로 영조 말년에 정후겸과 연합하여 권세를 누린다. 이 두 척신의 공통점은 영조 말년에 영조의 노화를 틈타 조선의 국정을 좌지우지할 정도로 권력이 강했다는 점과, 이 권한을 악용하여 영조가 세손 정조에게 대리청정을 시키려고 할 때 세손을 감시하고 가짜 뉴스와 흉언까지 유포하며 세손을 핍박했다는 점이다. 이 과정에서 홍인한은 세손의 존재를 모독하며 세손을 하찮은 존재로 격하시키는 행위나 다름없는 삼불필지설을 언급하여 정조와는 돌이킬 수 없는 사이가 되고 만다. 다음은 『정조실록』 1권의 부록인 정조대왕 행장에서 정후겸과 홍인한을 숙청하는 장면이다.

대신들이 백관을 거느리고 인한·후겸의 12가지 큰 죄목을 하나하나 거론하면서 빨리 목을 벨 것을 청했으나 왕은 허락지 않았다. 제신들이 면대를 요청하고 강력히 주장하자, 왕이 이르기를, "아직까지 처분을 보류해 온 것은 자궁의 마음이 불안하실까 염려스러워서였는데 오늘 자궁의 하교에 사은(私恩)을 돌봐서는 안 되고 왕법(王法)을 굽혀서도 안 된다고 하셨기에 그 덕음(德音)을 듣고서는 내 마음에 결정을 내렸다." 하고는 인한·후겸에게 사사(賜死)를 명했던 것이다. 역적들을 다 베고는『천의소감(闡義昭鑑)』모양으로 책을 편찬하기 위하여 개국(開局)을 하도록 명하고 이듬해에 그 책이 완성되자 이름하여『명의록(明義錄)』이라 하였다. 삼사가 후겸·인한 두 역적에 대하여는 그들 처자까지 연좌시킬 것을 청하자, 하교하기를 ……(중략)…… "아, 상로(尙魯)·성국(聖國) 같은 원수와 상로(商輅)·상운(翔雲) 같은 역적에게도 차별을 두지 않았었는데 후겸·인한 둘에게만 법을 그렇게 적용한다면 법이란 천하에 공평해야 한다고 하는 뜻이 어디 있겠는가. 이제부터는 결안도 않고 역률(逆律)을 적용하는 일, 그 몸이 죽은 후에 처자 연좌를 추가 실시하는 일, 결안은 차률(次律)로 하고서 극율(極律)을 가하는 일은 모두 없애라."

-『정조실록』1권 부록, 정조행장-

정조는 이렇듯 아직 정치적 기반이 자리 잡히기도 전에 척신의 척결이라는 과단성을 보인다. 어수선한 정국에 상당히 부담을 줄 수 있는 결정이었으나, 이 일을 단순한 개인적 감정으로 처리하지 않았다는 점에 대한 두 가지 근거를 앞의 기사를 통해 발견할 수 있다. 우선 이 행위의 정당성을 천명하기 위한 『명의록』의 편찬이다. 여기에는 세손 시절부터 받아 왔던 위협과 정후겸, 홍인한의 악행이 기록되어 있다. 화완옹주는 사가로 내쳐졌으며 혜경궁 홍씨에게도 이 행위에 대해 잠정적 허가를 득하였다. 따라서 어느 정도 인정(人情)의 영역을 해결하였다. 다음으로 연좌를 시행하지 않았다는 점이다. 만일 척신 척결의 결정이 사사로운 원한에서 비롯된 것이라면 감정에 휩싸여 역률을 적용하고 처자를 모두 연좌했을 것이지만, 법의 공평함을 들어 최소한의 조치만을 지시하였다. 결과론적으로 왕은 상실했던 안전감을 공정한 법의 집행과 그 정당성의 확보를 통해 회복하였으며 비교적 인도적인 사후 조치까지 시행하였다. 이러한 정조의 엄단 이후에 척신의 발호는 크게 줄어들었다.

(2) 역신(逆臣)으로부터 군권의 회수를 도모하는 조선 최
   강의 친위부대 장용영을 설치하다

홍국영은 실각하기 전에 숙위소의 숙위대장으로서 정조의 신변을 호위하였다. 실제로 정유역변을 비롯하여 즉위 초의 위협에서 정조를 구하기도 하였다. 그러나 뒷장에서도 언급하겠지만 무리한 욕심으로 정조의 신뢰감을 상실해 버린다. 그렇지만 이제 막 즉위한 왕은 불경한 무리로부터 자신의 안전을 지켜야 했다. 아래의 기사는 그 필요성에 의해 만들어진 장용위의 창설과정을 다루고 있다.

(전략)······ 요즘 고사(故事)를 상고해 보건대, 선조조
[宣廟朝] 을미년에 숙위(宿衛)로 인하여 용감하고 건장한 자를 선발하여 증설하고 이름하여 무용위(武勇衛)라하였고, 인조조 정축년에 국별장청에 무용청(武勇廳)이란 이름을 내렸다. 지금 출신청의 칭호를 친군(親軍)·장용(壯勇)·무용(武勇) 등 칭호 가운데에서 선정하여, 지금 『대전통편(大典通編)』이 간행(刊行)되기 전에 하나의 칭호를 지정(指定)하는 것이 좋다." 하고, 이어 대

신(大臣)과 장신(將臣)에게 물으니, 여러 신하들이 혹은 친군이 적당하다 하거나, 혹은 장용이 좋다고 하였으므로, 이에 장용위(壯勇衛)로 칭호하라고 명한 것이다.

-『정조실록』 20권,

정조 9년 7월 2일 기유 2번째 기사-

장용위는 정조 9년 7월에 무예 출신과 무예별감 50명을 발족하였다. 최초의 목적은 궁궐의 보호와 왕의 근접 경호로 보인다. 무예에도 일가견이 있던 정조가 골라 뽑은 50인의 정예 병사들. 이들의 행차와 용맹을 표현한 기사를 살펴보자.

"이번에 행차가 읍청루(挹淸樓)로 향할 때 얼음이 깔린 도랑과 밭두둑이 이따금 칼등처럼 협착한 곳이 있었는데 앞을 다투어 달려가기를 마치 평지를 밟듯 하였다. 길가에서 행차를 바라보던 선비와 백성들이 모두 입을 모아 감탄하기를 '사람과 말이 나는 것 같아 신병(神兵)과 다름이 없다.'고 하였다. ……(중략)…… 강 건너편에서 진을 치고 명령을 내릴 때 행차 앞뒤에 있는 각 군영의 기병들은 나루 길의 절반쯤 얼어붙은 곳을 꺼려 행여 죽을까 봐 전진하지 못하였으나, 장용위(壯勇衛)의 한 부대는 뛰는 말에 채찍을 가하면서 순식간에 강복판에 날아드니, 언덕 위에 가득히 나와 구경하던 사람들이 누구나 눈이 휘둥그레지고 입이 딱 벌어져 하는 말이 '오늘에서야 더욱 장용위의 용맹을 믿겠다.'고 하였다.……(후략)"

－『정조실록』 31권,

정조 14일 11월 21일 정유 3번째 기사－

거듭 직속 근위병들의 용맹이 가상하다고 치하하는 표현에서 정조의 상실되었던 안전감이 상당히 회복되었음을 느낄 수 있다. 후일 장용영의 규모는 나날이 커져 2만 명에 이르렀고 한성을 방어하는 '내 장용영'과, 수원을 방어하는 '외 장용영'으로 나뉘기까지 한다. 그들을 먹이고 입히는 데 들어가는 엄청난 재원은 수원 지역의 둔전 개발로 충당하였으며, 오히려 재정이 넉넉하여 타 부처에 대출해 주는 등 장용영은 명실상부 조선 최강의 군대로 거듭나게 된다.

5. 정조의 신뢰감 상실과 극복 과정

신뢰를 뜻하는 영어 단어 'trust'의 어원은 '편안함'을 의미하는 독일어의 'trost'에서 연유된 것이다. 우리는 누군가를 믿을 때 마음이 편안해진다. 혹시 그 사람이 배신을 저지르진 않을까 하고 염려할 필요가 없으므로 마음이 편안해질 뿐만 아니라 배신을 위한 예방에 들여야 할 시간과 노력을 절약하게 해 주는 효과를 얻을 수도 있기 때문에 그러할 것이다.

앞서 제시한 소프카의 상실 경험에 대한 분류(1997)에서도 신뢰감은 C형 '그 밖의 심리적 상실'로서 나타나는데, 신뢰의 정의는 신뢰를 연구하는 학문과 학자마다 다르지만, 국내 신뢰 연구 동향(문형구, 최병권, 내은영, 2011)에서 신뢰 개념의 공통요소를 다음과 같이 추출할 수 있다. 위험에도 불구하고 신뢰 객체가 신뢰 주체의 이해에 부합하도록 행동하리라는 주관적인 기대와 그러한 기대를 근거로 자신을 취약한 상태로 두려는 자발성이 그것이다.

국정을 종신토록 운영해야 했던 왕정 사회의 국왕으

로서 정조 또한 신뢰할 수 있는 신료의 중요성을 항상 인지하고 있었을 것이다. 다음에는 정조가 과연 어떤 대상에게 신뢰를 보였으며 어떤 과정으로 신뢰를 상실하였고, 또 그 상실을 어떻게 극복하였는지 밝히고자 한다.

1) 믿었던 오른 날개 홍국영의 전횡을 보다

홍국영은 1748년생으로 정조보다 네 살이 많았다. 사서의 기록에 의하면 두 사람은 1772년 정조의 세손 시절에 동궁에서 처음 만났으며, 이때 홍국영은 24세였고 정조는 20세였다. 척신들의 모략과 암투에서 세손을 보위하며 신뢰를 쌓아 온 정조와 홍국영은 가히 친우로 여겨질 만한 정을 쌓게 된다. 두 사람의 각별한 관계는 여러 사료에서 쉽게 발견할 수 있다.

정조 1년 3월 29일(1777년)에 역적 정후겸, 홍인한을 숙청하고 이 사건의 당위성을 기록하기 위해 찬집한 『명의록』이 완성되었다. 이 『명의록』에서 홍국영이라는 인물에 대해 주목할 만한 표현 몇 가지를 발견하였다. 홍국영을 세손(정조)의 오른 날개(右翼), 의리의 주인(義理主人), 즉위의 1등 공신(功臣)으로 표현하는 등, 이를 보면 그가 정조의 신뢰와 극진한 예우를 받았다는 점을 누구나 쉽게 알 수 있다. 다음의 기사는 척신 홍인한을 비호하는 윤약연을 국문하던 중 윤약연이 홍국영을 살해하고자 하는 뜻을 실토하고 그 사실에 대해 추궁당하는 장면이다.

"오늘날 국가에는 믿을 만한 척리(戚里)가 없다. 서명선(徐命善)의 상소는 종사(宗社)를 위한 계책으로 중요하지 않은 것이 아니지만, 한쪽 손으로 하늘을 떠받치어 사직(社稷)에 공이 있게 된 홍국영에 비하면 오히려 처진다. 국가의 안위가 호흡하는 사이에 달려 있었는데 시종 보호해 간 사람은 유독 홍국영 한 사람뿐이다. ……(중략)…… 이 사람을 모해하는 사람은 곧 종사의 역적이다. 더구나 지난번에 흔얼(釁孽)인 무리들이 낮이나 밤이나 몰래 엿보면서 기필코 저군(儲君)의 우익(羽翼)을 제거하려고 했었다. 오직 하나의 궁료(宮僚)가 보호해 줌을 힘입었었고, 즉조(卽祚)한 이후에는, 그 당시에 틈을 엿보던 무리들이 모두 소탕하는 속에 들어 있었기에, 고립과 위태의 늠연(凜然)함이 지난날에 비교할 수가 없었다. 오직 이 하나의 신하만을 의지했었는데, 너희 무리들이 기필코 장살(狀殺)하고야 말려고 하니, 마음속에 장차 어떻게 하려는 것인가?"

-『정조실록』 1권,
정조 즉위년 6월 23일 임술 1번째 기사-

이 기사에서 정조는 홍국영을 가까운 궁료(宮僚)를 넘어 단 하나의 충신으로까지 표현하며 절대적인 신뢰를 표하고 있다. "오직 이 하나의 신하만을 의지했다." "즉위 이전부터 홍국영에게 보호를 받았다."에서 우리는 독특한 뉘앙스를 느끼게 된다. 바로 홍국영을 주살하려 하는 무리에 대한 엄청난 분노와 결기다.

홍국영에 대한 정조의 신뢰는 또한 단순한 마음을 넘어 공식적인 국정운영 전반에도 드러나 있다. 1776년 3월 홍국영은 왕명 출납을 담당하는 기관인 승정원의 정3품 동부승지로 임명되고 동년 4월 좌승지가 되었다. 그로부터 세 달 뒤 육승지 중 최상위인 도승지가 되었다는 기록으로 미루어 보아 6단계의 승급체계를 단 네 달 만에 뛰어넘은 초고속 승진임을 알 수 있으며, 그 뒤로 왕의 최측근 격인 도승지를 5년간 맡아 도승지가 곧 홍국영의 대명사로 불릴 정도였다. 그뿐만 아니라 훈련대장, 규장각 직제학 등 정조가 집권 초기 펼친 개혁의 중요 조직의 수장을 역임하였다. 이러한 인사(人事)에서 우리는 홍국영에 대한 정조의 절대적인 신뢰를 다시 한 번 확인할 수 있다.

다만, 이러한 절대적 신뢰는 후일 독이 되어 돌아온다. 홍국영은 자신의 누이동생 원빈 홍씨를 정조의 후궁으로 간택되도록 종용하고 척신의 기틀을 다져 나갔다. 그로부터 1년 뒤 원빈 홍씨가 숨을 거두자 사후에도 후궁으로서는 이례적인 상례를 따르도록 하였으며, 후사를 보는 것이 지상과제이던 왕실에 더는 후궁을 간택하지 못하도록 여론을 조성하였다. 이에 그치지 않고 더나아가 정조의 서제(庶弟) 은언군(恩彦君) 이인의 아들 상계군(常溪君) 이담을 죽은 원빈의 양자로 삼아, 군호를 풍산 홍씨의 '풍'을 딴 완풍군(完豐君)으로 고치는 등

후계가 없던 정조를 자극하는 행위를 일삼았다. 이와 같은 행동들은 왕실을 모독하는 행위에 가까웠기 때문에 왕실의 사람들 모두가 불쾌함을 표현하며 불만이 팽배해지자 사서의 행간에서 느낄 수 있는 것처럼 홍국영은 정조의 종용으로 사직 상소를 올리고 윤허를 받은 듯하다. 다음은 홍국영의 사직 상소와 그에 따른 왕의 응답이다.

"신은 구구하게 아뢸 것이 있습니다. 성심(聖心)도 오늘을 기억하시겠지요. 오늘은 신이 임진년에 성명(聖明)을 처음 만난 날입니다. 그날부터 전하의 신에 대한 두터운 은혜와 특별한 지우(知遇)는 아마 천고(千古)에 없는 계회(契會)일 것입니다. ……(중략)…… 신의 구구한 초심(初心)은 다만 명의(名義)를 자임(自任)하는 것이었으니, 어찌 척리(戚里)의 신하가 되려 하였겠습니까마는, 사세에 몰려서 마지못한 것이 있었습니다." 이어서 훈련 대장의 명소(命召)를 풀어 손수 향안(香案)에 바치고 나갔다. 김상철(金尙喆)이 말하기를, "오늘의 일은 신들이 참으로 그 까닭을 모르겠습니다." 하니, 임금이 말하기를, "경들은 잠시 말하지 말

라. 이것이 그 아름다움을 이룩하고 끝내 보전하는 방
도이다. 내가 어찌 생각 없이 그랬겠는가?"

-『정조실록』 8권,

정조 3년 9월 26일 정미 1번째 기사-

　홍국영의 그간의 노고를 위로하고 충신으로서, 복심
으로서 인정하는 왕의 송사를 통해 자발적으로 조정에
서 물러나는 그림이 연출되었고 그것이 정조가 홍국영
에게 보여 준 최후의 신뢰로 보인다. 그러나 홍국영은
여기서 멈추지 않고 막후에서 권세를 누리고 조정을 조
종하려는 행태를 보이자 신료들에 의해 맹렬히 탄핵당
한다. 이때 정조는 탄핵에 공감하였으나 절지가 아닌 도
성 근처로 유배를 보낼 정도의 특혜를 베푼다. 그러나
탄핵 이후에도 홍국영은 자신의 백부이자 좌의정인 홍
낙순을 통해 공공연하게 정치에 개입하는 등 뉘우침 없
는 태도를 보인다. 결국, 정조는 홍국영의 가산을 몰수
하고 도성 출입을 금하였으며, 그를 강원도의 강릉으로
유배시켜 버린다. 유배지에서 홍국영은 34세의 젊은 나

이로 요절한다. 세손 시절부터 쌓아 온 절대적인 신뢰는 이렇게 허망하게 상실되어 버린 것으로 판단된다.

2) 불세출의 인물 채제공을 통한 신뢰감 상실 극복

(1) 영조에게는 순신(純臣), 정조에게는 충신(忠臣)인 번암 채제공

채제공은 조선 후기의 문신으로 영조와 정조에게 모두 중용되었다. 당색은 남인이며 정조의 정책에 힘을 실어 주던 시파에 속한다. 주목할 만한 점은 채제공이 사도세자의 스승 중 하나였다는 것이며, 동부승지 시절부터 사도세자의 후견인이 되어 영조와의 사이를 중재해 주는 역할을 맡았다는 점이다. 1758년 도승지에 임명된 채제공에게 사도세자를 폐위시키라는 영조의 교지가 내려왔다. 이때 채제공은 목숨을 걸고 이를 반대하였으며 후일 영조는 이러한 채제공에 대해 "나(영조)의 사심 없는 신하이자 너(정조)의 진정한 충신이다."라며 극찬한다. 아울러 다음의 기사에서는 세손 시절 정조의 채제공에 대한 인식을 엿볼 수 있다.

왕세손이 채제공(蔡濟恭)에게 말하기를, "경이 서백
(西伯)이었을 때에 쇄신한 것을 보면 경이 탐오(貪汚)
하지 않는다는 것을 알 만하다. 경과 같은 자라면 알
수 있는 가운데 마음에 기대할 만한 일이 있을 것이
다." 하매, 채제공이 말하기를, "삼가 보건대 근래 하
령하시면 팔방(八方)에서 목을 늘여 기대하고 기꺼이
받드는 마음이 극진하지 않은 자가 없으니, 저하(邸下)
께서 과연 학문의 공(功)을 저버리지 않으셨습니다.
옛사람이 말하기를, '처음에 착하지 않은 자가 없으나
능히 끝내 착한 자가 드물다.' 하였습니다. 한결같이
이렇게 하시면 요순(堯舜)의 정치를 이룰 수 있을 것입
니다." 하였다.

- 『영조실록』 127권,

영조 52년 1월 11일 계미 4번째 기사-

사실상 영조가 채제공을 정조의 정치적 후견인이자
참모로 지목한 셈이다. 할아버지의 의중에 따라 정조는

채제공을 중용하였다. 비록 즉위 초기의 권력자 홍국영과 마찰을 빚어 낙향하였지만 홍국영이 실각하고 나서 정조의 부름을 받고 1788년 우의정에 올랐다. 이 부분에서 앞서 다뤘던 홍국영과 정조가 얼마나 막역하였는지, 홍국영에게 보여 준 정조의 신뢰가 얼마나 컸는지 상기한다면 홍국영의 빈자리를 누가 차지하였는지, 왕의 신뢰가 누구에게로 이어졌는지 짐작할 수 있다.

(2) 생애 과업의 동반자, 정승 채제공

채제공은 1790년 좌의정에 임명되었다. 영의정과 우의정의 자리가 차후 3년간 공석이었기 때문에 조선 왕조 역사에 실로 드문 독상(獨相)으로서 정국을 이끌게 된다. 이는 정조의 채제공에 대한 무한한 신뢰를 확인할 수 있는 대목이다. 이러한 신뢰를 바탕으로 정조는 채제공을 1793년 화성유수에 임명한다. 정조가 조선의 모든 역량을 집중하고 필생의 과업으로 여긴 현륭원 조성과 화성 축조의 총 지휘권을 부여한 것이다. 채제공 또한 10년이 걸릴 것이라던 공기(工期)를 2년 6개월로 단축

함으로써 정조의 신뢰에 보답한다. 정조의 채제공에 대한 신뢰의 정도는 다음의 채제공 졸기에서도 찾아볼 수 있다.

> 판중추부사 채제공(蔡濟恭)이 죽었다. 상이 친히 제문을 지어 사제(賜祭)하고 문숙(文肅)이란 시호를 내렸다. ……(중략)…… 이로부터 은우(恩遇)가 날로 융숭하여졌고, 그 사이에 또 독상(獨相)도 수년을 지냈으니, 대체로 백년 이래 처음 있는 일이었다. ……(중략)…… 이제 채제공이 별세했다는 비보를 들으니, 진실로 그 사람이 어찌 여기에 이르렀단 말인가. 내가 이 대신에 대해서는 실로 남은 알 수 없고 혼자만이 아는 깊은 계합이 있었다. 이 대신은 불세출의 인물이다.
>
> -『정조실록』51권,
> 정조 23년 1월 18일 정축 1번째 기사-

조부의 인물평, 그리고 채제공 본인의 강직함, 정치적 능력, 애민과 개혁 정신 등 채제공은 정조에게 믿음을 주었고, 정조 또한 단독 재상의 임명과 수원 유수의 제수 등을 통해 더 큰 신뢰를 보였다. 과거에 홍국영의 전횡으로 상실된 정조의 신뢰감은 채제공에 의해 긍정적인 방향으로 발전하고 또 극복된 것으로 볼 수 있다.

6. 정조의 가족 상실과 극복 과정

1) 사랑하는 아내와 어렵게 얻은 아들을 떠나보내다

정조는 일생 동안 5명의 아내와 2남 1녀의 자식을 두었다. 정비(正妃)인 효의왕후 김씨에게서는 후사를 보지 못하였고 의빈 성씨에게서 문효세자, 수빈 박씨에게서 순조 임금과 숙선옹주가 태어났다. 특히 의빈 성씨는 정조의 첫사랑이라고도 알려져 있을 정도로 첫 만남부터 그들의 애틋한 사랑은 유별났으며 그 모든 과정이 의빈 성씨에게 내린 비문에 상세히 기술되어 있다.

첫아들이었던 문효세자가 태어났을 때 당시 서른한 살이었던 정조는 대단히 기뻐한 것으로 보인다. 서른이라는 나이가 당시로서는 첫아이를 갖기에 매우 늦은 나

이였기 때문이기도 하고, 첫아이가 왕자였기 때문이기
도 한 것으로 보인다. 다음은 정조의 감정이 생생하게
표현된 실록의 기사문이다.

> 왕자(王子)가 탄생하였다. 임금이 승지와 각신(閣臣)
> 들을 불러 보고 하교하기를, "궁인(宮人) 성씨(成氏)가
> 태중(胎中)이더니 오늘 새벽에 분만하였다. 종실이 이
> 제부터 번창하게 되었다. 내 한 사람의 다행일 뿐만 아
> 니라, 머지않아 이 나라의 경사가 계속 이어지리라는
> 것을 확실히 알 수 있으므로 더욱더 기대가 커진다.
> '후궁은 임신을 한 뒤에 관작을 봉하라.'는 수교(受敎)
> 가 이미 있었으니, 성씨를 소용(昭容)으로 삼는다." 하
> 니, 신하들이 경사를 기뻐하는 마음을 아뢰었다. 임금
> 이 이르기를, "비로소 아비라는 호칭를 듣게 되었으니,
> 이것이 다행스럽다." 하였다.
>
> -『정조실록』14권,
> 정조 6년 9월 7일 신축 1번째 기사-

비로소 아비라는 호칭을 듣게 되어 다행이라는 정조

의 모습에서 당시의 기쁨을 엿볼 수 있다. 문효세자는 정조 8년, 나이 3세에 왕세자에 책봉되었다. 책을 좋아한다는 사서의 말과 같이 아버지를 똑 닮은 아들이 어여뻤는지 왕은 세자를 위해 새로운 세자궁인 중희당을 지어 주고 자주 친림(親臨)하는 등 어린 세자를 끔찍이 사랑했음을 알 수 있다.

(1) 아들 문효세자의 비극적 죽음

정조 10년(1786년) 전국적으로 유행병(홍역)이 돌았다. 문효세자도 이를 피해 갈 수 없었고 병이 깊어졌다. 왕은 친히 종묘사직에 두 번이나 나아가 기도제를 올렸다. 본디 의학적 지식이 뛰어나 아픈 조부 영조의 치료에 개입하기도 했던 정조는 아파하는 자식을 위해 최선을 다하였다. 다음은 왕세자의 환후를 살피고 걱정하는 정조에 대한 기록이다.

왕세자의 환후가 갑자기 심해졌다. "홍진의 반점은 거의 다 사라졌는데, 어제 정신이 혼미해질 때부터 기가 올라오는 조짐이 있었다. 처음에는 회증(蛔症)인가 의심하였다가 다시 보니, 기가 치밀어 오른 것이다. 경 등은 들어가 보도록 하라." 그러자, 서명선 등이 들어가 보았다. 제조 이문원이 말하기를, "환후가 이토록 중해졌는데 약원에서 까마득하게 듣지 못하였습니다." 하였다. ……(중략)…… "땅기는 증세는 낮에보다 덜한 것 같습니다." 하자, 임금이 말하기를, "내 차마 보지 못하겠다." 하였다.

-『정조실록』21권,

정조 10년 5월 10일 임자 1번째 기사-

문효세자는 결국 5월 11일 홍역으로 훙서한다. 정조가 직접 비문을 쓴 『어제문효세자효창신도비』의 한 문장인 "꿈인가? 참인가? 꿈이라 하여 반드시 꿈도 아닐 것이고, 참이라 하여 반드시 참도 아닐 것이다."에서 자식을 앞세운 부모의 상실감이 애절하게 드러난다. 비록 영아의 사망률이 대단히 높던 시대임은 분명하나, 자신과 똑 닮은 첫아들을, 왕실의 적통을 이을 세자를 잃어버린 정조의 상실감은 이루 말할 수 없을 것이다.

2) 삶의 한복판에서 오랫동안 사랑했던 아내 성덕임의 비극적 죽음

비극은 여기에서 그치지 않았다. 문효세자가 훙서하고 5개월 뒤(1786년 9월 14일) 이와 같은 비극이 또 이어진다. 문효세자의 친모인 의빈 성씨마저 만삭(임신 9개월)의 몸으로 사망한다. 사실 정조는 7년 전에 이미 후궁이었던 원빈 홍씨의 사망을 겪었으나, 1년도 못되는 세월을 함께한 원빈과 20년간 정을 나눈 의빈의 죽음은 무게가 달랐을 것이다. 의빈 성씨는 본명이 성덕임이며 중인이자 하급 무관인 성윤우의 딸로서, 가세가 기울어지면서 1762년에 입궁하여 혜경궁 홍씨를 모시게 되었다. 혜경궁 홍씨는 그러한 의빈 성씨를 수양딸과 같이 어여삐 여겨 길러 주었다. 재미있는 점은 이미 세손 시절에 정조가 덕임을 보고 반하여 승은을 내리려 했는데 덕임이 그 승은을 세손빈(훗날의 효의왕후)의 불임이 염려되어 거절했다는 점이다. 정조 4년, 덕임을 잊지 못해 다시 한번 승은을 내리려 하였으나 15년 전과 마찬가지의 이유로 덕임은 거절하였다. 화가 난 정조가 하인을 닦달하자 그제야 덕임이 승은을 허락하니 후궁의 반열에 올랐다. 의빈 성씨에 대한 정조의 깊고 애절한 마음은 그가 직접 지은 『어제의빈묘지명』에서 확인할 수 있다.

의빈 성씨는 문효세자의 어머니이다. 문효가 병오(1786) 5월에 죽고 여섯 달이 지나고 나서 9월 14일 갑신에 빈 또한 죽고 말았다. 석 달 뒤 11월 20일 경인에 율목동 문효의 묘 왼쪽 언덕 묏자리에 장사 지냈다. 빈은 자신을 잃고 문효를 따라 죽기를 늘 소원하더니 비로소 이제 문효의 무덤 곁으로 떠나가 버렸다. 빈은 장차 한을 풀고 문효의 혼백을 위로할 수 있겠는가? 아아, 슬프도다. ……(중략)…… 다음과 같은 명을 내린다. 하늘을 따라 정중하게 행동하고 말을 하면 사람을 감동하게 했다. 몸은 정중하게 행동하고 입은 극진한 말을 했으나 복록이 은덕에 보답을 받지 못한 것은 아마도 운명인가 보다. 저 고요한 율곡의 언덕은 문효세자가 잠든 곳이니 영원토록 서로를 지켜줄 것이다. 생

각건대, 멀고 오랜 세월 동안 배회하며 탄식하고 근심
할 것이다.

-정조, 1786, 『어제의빈묘지명』-

왕은 그 뒤에도 비문과 축문 등을 통해 "사랑한다. 참
으로 속이 탄다. 살아 있는 나와 죽은 네가 끝없이 오랜
세월 동안 영원히 이별하니 나는 못 견딜 정도로 근심과
걱정이 많다."라는 것과 같은 애통한 마음을 적극적으로
표현하였다. 사대부 사이에서도 아녀자에 대한 사사로
운 감정을 표현하는 것을 경계했던 유교의 나라에서, 그
가 아내를 얼마나 깊이 사랑했는지, 또 그 사랑의 상실
이 얼마나 큰 충격으로 다가왔는지를 짐작할 수 있는 대
목이다.

3) 가족의 죽음을 애도하고 애민(愛民)으로 승화하다

(1) 가족의 잃은 지극한 슬픔을 글로써 애도하다

애도는 상실에 대한 반응으로, 특히 사랑하는 사람의

죽음을 슬퍼하고 애석해하는 것으로 비탄, 비통 등의 아주 강력한 슬픔과 다양한 심리적 증상을 포함하면서, 복잡하지만 정형화된 반응의 패턴으로 나타나게 된다. 나아가, 그러한 감정을 외부에 쏟아내면서 상실한 대상으로부터 자유로워지고 새로운 세계에서 새로운 관계를 형성해 나가는 과정(김주심, 2013)으로도 해석이 가능하다. 앞서 살펴본 바와 같이 정조는 사랑하는 사람, 더 구체적으로 말하자면 성인이 된 이후에 맺어지고 만들어진 '가족(아내와 아들)'을 상실하였다. 다만 그는 상실에서 그치지 않고 상실과 슬픔의 감정을 『어제의빈묘지명』과 같은 '글'이라는 방법으로 외부세계에 표출하였다. 사망 당해(1786년)에 『어제의빈묘지명』『어제의빈묘표』『어제의빈치제제문』을 지었으며 의빈 성씨의 3년 탈상 후 제사 때마다 『어제의빈삼년내각제축문』과 『어제의빈삼년후각제축문』을 지었다. 이는 먼저 보낸 원빈 홍씨와 비교할 때 대단한 파격이었으며 그 깊은 상실감과 고인에 대한 사랑과 애도를 확인 수 있는 지점이다.

이 뛰어난 언행을 내가 글로 적지 않는다면 누가 그
것을 전하고 알려서 아주 사라지는 것이 애석하다고
하겠는가? 이는 빈에게 한이 되고, 문효세자에게도 한
이 될 것이다. 이에 대략 찬차(撰次)하였는데 깨닫지
못하는 사이에 이 글이 길어졌다.

-정조, 1786, 『어제의빈묘지명』-

빈은 병을 앓다가 죽음을 직면했을 때 사랑에 끌려
잊지 못하는 행동을 하지 않았고, 사후에 사사로운 사
랑에 얽매이는 총애를 받는 영광을 바라지 않았다. 그
래서 빈의 권력과 부귀는 스스로 높여서 된 것이 아니
었다. 그리고 빈은 죽음을 단연코 근심하지 않았다. 다
만 한결같이 마음을 다하여 효의왕후가 반드시 소망을
이룰 것이라고 믿었다. 그 현명함이 어찌 얼마든지 얻
을 수 있겠는가. ……(중략)…… 내가 빈의 언행을 표
본으로 하여금 기록하여 광중에 묻고 묘비에 요점만
간단하게 요약해서 썼다. 찾아오는 사람이 빈의 현명
함을 애석해하도록 할 따름이다. 사랑하는 빈의 불행
한 운명은 위에 적힌 사실과 같다.

-정조, 1786. 『어제의빈묘표』-

아! 나는 빈의 죽음에 더더욱 이와 같이 슬프다. 죽음으로서 떠나보낸 재앙은 비통하고 참혹하며, 인정과 도리는 끊어질 듯이 아픈 마음이 문효세자의 죽음을 슬퍼하며 우는 것보다 심한 일이 없었다. 하지만 오로지 위로하고 애써 떨쳐 내면서 세월이 흘러가는 동안 더위와 추위가 바뀌어 갔다. 평상시처럼 웃으면서 이야기하고 근심하지 않는 얼굴로 서로 잊고 지내는 듯했는데 빈의 죽음 때문에 이와 같이 슬프다. ……(중략)…… 이에 마땅히 복을 받아야 하는데 문효세자를 잃고 겨우 눈물이 채 마르기도 전에 다시 뱃속의 아이와 함께 잘못되어 세상을 떠나 버렸다. ……(중략)…… 이로써 죽은 사람과 산 사람이 서로 영원히 헤어지는 한을 위로한다. 너 또한 내가 슬픔을 잊을 수 없다는 것을 슬퍼할 것이다. 그러한가? 그렇지 않은가? 아아! 슬프도다. 바라건대 부디 흠향하라.

-정조, 1786, 『어제의빈치제제문』-

일국의 지고(至高)한 군왕임에도 그 감정을 제어하지 않고 지극한 슬픔을 그대로 표출해 내고 있는 애도의 장면에서 한 가지 주목할 만한 지점이 발견된다. 이는 정조가 직접 지은 비문과 제문에서 퀴블러-로스(Kübler-Ross, 1997)가 제시한 애도의 5단계가 확인된다는 점이다. 고인의 죽음에 대한 '충격의 단계', 죽음을 막을 수 없게 한 부당함에 대한 원인과 특정 대상들에 대한 '분노의 단계', 만일 그랬다면 이 상황을 막을 수 있었을지 가정해 보는 '타협과 죄책감의 단계', 공허감과 슬픔이 본격적으로 침투하는 '절망과 슬픔의 단계', 끝으로 고인이 나에게 어떤 존재인지 통찰하고 새로운 관계를 시작하며 나를 찾아가는 '수용의 단계'가 각각 그것이다. 이 다섯 단계가 선형적인 관계를 갖지는 않는다. 인간의 감정은 유동적이고 복합적이기 때문에 여러 단계의 증상을 보일 수도 있으며, 이른 시간 동안 단계와 단계가 교차하기도 한다. 여기에서 감정을 통찰, 통합하는 수용의 단계로 전환되어 가는 양상을 건강한 애도의 과정으로 해석하는 데 좋은 틀을 제공해 주기 때문에 그 단계별 과정을 살펴볼 의의가 있다.

우선 정조는 다양한 글 속에 의빈 성씨의 죽음에 대한 망연자실함을 표현하는 충격의 표현과, 불행한 운명으로 표현된 하늘의 무심함에 대한 분노를 표출하였다. 또 "너 또한 내가 슬픔을 잊을 수 없다는 것을 슬퍼할 것이다. 그러한가? 그렇지 않은가?"의 구절과, "마땅히 복을 받아야 하는데 그렇지 못하였다."라는 글귀에서는 자책과 안타까움, 죄책감을 읽을 수 있으며, 모든 글에는 심각할 정도의 비탄, 즉 절망과 슬픔이 애절하게 드러나고 있다. 그렇다면 수용의 단계를 확인해 보자. 정조는 모든 '어제의 글'에서 의빈 성씨의 현명함과 겸양, 검소함, 다양한 능력 등을 인정하고 또 그 상실을 애석해한다. 의빈 성씨를 아성(亞聖)에 비유하며 극도로 존중하는 모습을 보여 준다. 왕으로서 모든 '어제의 글'에는 솔직하고 대담한 감정의 표현을 아낌없이 표현한다. "깨닫지 못하는 사이 글이 길어졌다."라고 표현할 정도로 애도의 마음에 흠뻑 빠진 채로 글을 지은 정조는 아들 문효세자의 곁에 아내와 그리고 아직 태어나지 못한 채로 죽은 태아까지 함께 "영원토록 서로를 지켜줄 것"이라 말하며 율곡의 언덕에 장례를 치른다. 죽어서도 빈이 자신의 마음을 알아주기를 소원하고 고인이 생전 나에게 어떤 의

미인지 명확하게 바라본다. 지아비로서 할 수 있는 모든 것을 표현한 정조의 모습에서 회복적인 애도와 수용의 단계를 발견할 수 있고, 이러한 애도 과정이 가족 상실 극복에 큰 힘이 되었음을 확인할 수 있다.

(2) 더 넓은 차원의 사랑(愛民)으로 극복되는 비극적 상실

정조가 애민 군주임은 많은 역사서에 기록된 사실이며 그 일화는 무수히 많다. 다만 여기에서는 그가 어렵게 얻은 세자와 사랑하는 아내를 상실했음에도 그 과정에서 백성을 향해 보여 준 공적인 면모의 애민을 살펴보았다. 특히 가족의 비극적 상실을 경험하고도 역병과 흉년에 따른 기근 등 백성의 환란이 있을 때 국가의 장례와 행사에 필연적인 부역과 세금에 대해 정조가 보여 준 태도를 자세히 살펴보았다.

도감(都監)에 하교하기를, "묘소에 가서 일하겠다고 자원한 그들의 마음을 모르지는 않지만, 이처럼 큰 슬픔을 당한 것은 덕이 없는 나로 말미암은 것이다. 그리

고 또 평소 백성에게 준 실지의 혜택이 털끝만큼도 없
는데 지금 만약 소원대로 일하게 하여 마치 저절로 역
사에 나온 것처럼 한다면 나의 마음에 부끄러움이 없
겠는가? 지금 말하지 않으면 틀림없이 더 많아질 것이
다. 도감과 한성부는 이 뜻을 알아 역사에 나가게 하지
말라." 하였다.

-『정조실록』 21권,

정조 10년 6월 2일 갑술 2번째 기사-

묘소에 쓸 기와는 품질이 낮은 것을 사용하고, 석물
(席物)과 도벽(塗壁)도 줄이는 쪽으로 힘쓰라고 명하
였다.

-『정조실록』 21권,

정조 10년 6월 8일 경진 6번째 기사-

앞의 기사에서 확인할 수 있듯이 정조는 그해 6월에
겪은 세자의 죽음이라는 지극한 상실을 개인적 아픔으
로 갈무리하고, 더 나아가 그 일로 발생할 백성의 고통
을 걱정하며 그들의 부역을 금지하였다. 더불어 묘소에

들어가는 과도한 비용을 경계하고 아껴 쓰도록 명하였다. 앞서 '애도의 글쓰기'에서 드러난 지극한 슬픔의 맥락과는 대조적으로, 군주 정조는 백성들의 입장에 서서 그 슬픔을 다스렸다. 개인적 상실을 사회적 차원으로 승화하는 모습은 세자를 제대로 치료하지 못한 의관들을 처벌하지 않는 모습, 같은 6월에 일어난 삭녕군의 화재로 고통받는 1백여 호의 백성들에게 곡물을 풀어 구제하는 모습, 세자와 같은 홍역으로 고통받는 사회 하층민들에게 약제(환약) 3만 7천 환을 풀어 구제하는 모습에서 더욱 강하게 표출된다.

4

정조, 삼매 · 동덕 · 원도 · 애민으로
펼쳐지는 인간 성장의 드라마

　앞서 우리는 정조(正祖)의 상실 경험과 그 극복 과정에 대해 살펴보았다. 그는 비극적 상실을 중심으로 다차원적인 심리 상실들을 겪어 왔지만, 조선 후기의 르네상스를 끌어냈다는 평가를 받을 만큼 사회 전반에 걸친 개혁을 적극적으로 시행하였다. 아울러 방치된 아버지의 묘소를 단장하고 당시 널리 알려진 명당으로 이장하여 효행을 다하였다. 또한 자기 고유의 방법으로 상실을 애도하고 극복하여 유교적 이상인 군사(君師)의 삶을 성취했음을 살펴보았다. 이제 우리는 정조의 어떠한 마음의 작동 혹은 심리적 역동이 그 지극한 슬픔과 상실들을 극복하고 또 성장에 이르게 할 수 있었는지, 그 원리와 구체적인 실천 전략을 함께 살피고자 한다.

1. 건강하게 잊고 앞으로 나아가기: 삼매(三昧)의 원리

삼매(三昧)란 산스크리트어인 사마디(Samadhi)를 음사한 말이다. 사마디의 사전상의 의미는 '결합하다, 조합하다'라는 뜻을 가지며, 연합, 실행, 조정, 논증, 깊은 명상 등의 뜻으로 다양하게 연결된다(이혜옥, 1995). 삼매의 경지인 '삼매경' 또한 여기에서 나온 말인데 사전적의미로는 '마음을 한곳으로 모아 집중의 대상이 한곳에서 다른 곳으로 동요되는 것을 막음'을 뜻한다. 삼매는또 불교 수행인 사마디 수행에서 추구하는 마음의 상태로서 집중을 통하여 고요함과 평온함을 계발하고 그로인해 장애가 제거된 선정을 취하는 수행으로 해석된다.

앞서 우리는 정조의 상실과 극복 과정의 역사적 장면을 더듬어 살펴보았고 정조가 비극적 상실을 겪었으며 그에 따르는 슬픔과 고통을 경험했음을 알게 되었다. 철저한 기록주의자였던 정조는 상실로 인한 마음의 고통을 습관에 가까운 두 가지 행위를 통해 "잊었다."라고 서술하였다. 그것은 바로 정조의 생애에 걸쳐 꾸준하게 드러나는 독서와 활쏘기였다. 정조가 남긴 독서, 활쏘기에 대한 기록을 살펴보면 집중을 통해 잡념을 제거하고 더 높은 차원에 도달하는 삼매의 경지를 발견할 수 있다.

내가 근일 신료들을 접견하고 서적을 가까이하여 정해진 분량을 읽느라 밤을 새우기도 하는데, 읽으면 읽을수록 심기가 편안하고 탁 트이는 것을 깨달았다. 책을 한 번 읽는 게 차 한 잔 마시는 것보다 나은데도, 요즘 사람들은 이런 맛을 잘 모른다.

-정조, 1814, 『일득록』 독서편-

더위를 물리치는 데 책 읽는 것만큼 좋은 게 없다. 책을 읽을 때는 몸이 삐딱해지지 않고 마음에 주재(主宰)가 있게 되어, 외기(外氣)가 자연히 들어오지 못한다.

-정조, 1814, 『일득록』 독서편-

후원에 거둥하여 유엽전으로 활쏘기 시범을 보였는데, 과녁이 오히려 큰 것을 싫어하여 이에 과녁을 작게 하니 ……(중략)…… 매번 쏘아 맞추지 않음이 없고 맞추면 반드시 관통했다. 하교하기를 "활쏘기의 묘미는 정신을 집중하는 데 있다. 그러므로 표적이 작을수록 정신이 전일해져서 비로소 작은 이 한 마리가 수레바퀴와 같이 크게 보이는 경지를 알 것이니, 이것이 진실로 삼매법(三昧法)이다."

-정조, 1814, 『일득록』 처기편-

정조는 정무를 보는 바쁜 와중에도 반드시 시간을 정하여 독서와 활쏘기를 습관화하였다. 그는 독서와 활쏘기를 통해 번다한 상념을 제거하고 심신의 고통을 제어하였다. 그뿐만 아니라 독서의 습관화를 통해 얻은 지식과 학문적 깨달음, 활쏘기를 통해 얻은 강건한 신체와 높은 집중력, 고풍(군주들이 신하들과 활쏘기를 함께하고 상을 내리는 행사)을 통한 신료들과의 유대감 형성 등은 신뢰감, 안전감, 정당성, 정체성 등 정조의 '다층적 심리 상실 극복'에 이바지했을 것으로 보인다.

상담자는 상실을 경험한 내담자와 함께 정조의 독서, 활쏘기와 같은 '삼매의 대상'을 발견하는 과정을 모색해야 한다. 이때 단순히 상실로 인한 슬픔을 잊게 하기 위한 흥미와 쾌락 위주의 대상은 경계하여야 한다. 삼매란 단순히 '잊는다'라는 것을 넘어서 다른 차원에 도달하는 경지임을 고려하여, 내담자의 참된 흥미와 관심을 기반으로 건강하게 잊고 앞으로 나아갈 수 있는 좋은 활동들을 발견하는 것이 홍재(弘齋) 상담의 출발이 될 수 있다. 이때 논의해 볼 수 있는 활동은 신체적 활동과 정신적 활동을 모두 포함할 필요가 있다. 마음의 변화와 몸의 작용에 연관성이 크다는 점을 간과하여서는 안 되기 때문이다. 아울러 내담자 또한 자신의 상실 경험에 대해 진솔하게 이야기함과 동시에 내가 어떤 일을 할 때 몰입하는지, 그 활동이 내게 어떤 긍정적 발달을 가져다주는지에 대해 고민하고 상담자에게 솔직하게 이야기할 때 상담의 효과가 증가할 것이다. 아울러 삼매의 원리가 작용할 때, 단순한 경험 회피에 머무르지 않고 자신을 있는 그대로 수용하며, 현재에 존재하고 내 삶에 가치가 있는 방향으로 나아가려 하는 일련의 과정(김수정, 2015)이 발생한다는 측면에서 현대 심리치료 중 하나인 수용전념치료(acceptance commitment therapy)를 닮아 있다는 점이 흥미롭다.

2. 신뢰와 지지의 토대 마련하기: 동덕(同德)의 원리

의미 있는 타인으로부터의 지지는 개인의 심리적 적응을 돕고 외상을 극복하도록 문제해결 능력을 강화하는 역할을 한다. 의미 있는 타인은 또래, 가족, 교사 등 내담자의 주변에서 지지와 격려를 제공해 주는 대상을 뜻한다(김옥수, 백성희, 김계하, 2003). 사회적 지지와 격려가 제공하는 물질적, 심리적, 정보적 도움은 개인 스스로가 사랑과 존경을 받고 가치 있는 존재라고 느끼게 하며, 긍정적 자아존중감을 형성하는 데 도움을 줄 수 있다.

지금까지 정조에게 지지와 격려를 제공해 주는 여러 명의 의미 있는 타인들을 발견하였다. 또 정조 스스로에 대한 자기 격려의 태도들 또한 발견하였다. 이러한 지지의 요소들을 크게 '가족의 지지와 격려' '동료의 지지와 격려' '자기 격려'로 구분하여 분석해 보았다.

1) 가족의 지지와 격려

사회적 지지의 한 요인으로서 가족의 지지는 언어적 그리고 비언어적 정보나 충고, 가시적인 유형의 도움이나 행동, 서비스 등을 제공하는 체계를 말하며 구체적으로 가족으로부터 받는 관심, 도움, 격려, 인정 등을 포함한다. 이는 지지를 받은 대상의 가치 있는 활동 혹은 사회적 역할을 성취할 수 있는 정도에 영향을 미친다고 하였다(손정주, 2010).

정조에게 지지와 격려를 제공한 가족으로는 왕위 계승 정당성을 제공하고 학문적 성취에 대해 커다란 인정을 제공한 조부 영조와, 정조의 왕위 계승을 위해 이별을 감수하고 조부와의 친밀한 관계 형성에 도움을 준 어머니 혜경궁 홍씨, 지극한 사랑과 존경을 보여 준 후궁 의빈 성씨 등으로 구분할 수 있다.

다만 정조의 존속(尊屬)들은 모두 아버지 사도세자의 비극적 죽음과 그 책임에서 자유롭지 못하였다. 정조의 관점에서 그들의 행동은 아버지의 죽음에 대한 직접적 원인이거나 간접적인 방관으로 보일 수도 있었을 것이다. 현대의 여러 연구는 이러한 복잡한 가족관계에 주목하고 이 관계를 분석한다. 다만 이 책에서는 기록되지 않은 관계성에 주목하기보다 기록에서 발견된 가족의 지지와 격려 장면에 주목하였으며, 그러한 지지와 격려가 정조의 상실 극복에 도움을 주었고 그에게 있어 하나의 성장원리로서 작용했음을 밝히고자 하였다.

2) 동료의 지지와 격려

정조에게 의미 있는 타자로서 혹은 동료로서 지지와 격려를 제공한 인물이나 집단을 정조의 생애 순서에 따라 살펴보자. 우선 세손 시절부터 형성된 궁료 집단인 동덕회(同德會)를 들 수 있다. 동덕회는 다층적 상실 경험 속에서 특정 세력에게 모멸과 위협을 받던 세손을 보호하고 정조의 훙서까지 평생을 함께한 이른바 '공신집단'으로서, 서명선, 홍국영, 정민시, 김종수, 이진형 등으로 구성되어 있었다. 구성원들의 출신으로 볼 때 서로 당색은 달랐으나 그들은 그런 것에 구애받지 않았다. 이 모임은 단 한 해도 거르지 않고 개최되어 우정을 나누었으며 정조 또한 이들에게는 일생에 걸쳐 우의와 호혜를 보여 주었다.

다음으로 초계문신집단을 들 수 있다. 이들은 정조의 제자집단으로도 볼 수 있는데 규장각의 각신으로 등용된 38세 미만의 젊은 학자들이라고 볼 수 있다. 그 대표적인 인물로 정약용과 정약전, 이승훈 등 남인계열 소장파 학자들로 구성되어 있었다. 또 서얼 허통을 통해 등용된 박제가와 유득공 등의 실학자들도 포함되었다. 정조는 초계문신들에게 강론하기 위해 경전의 조문을 스스로 초록하고 시험을 출제하는 등 정성을 기울였다. 초계문신은 이에 보답하듯 조선 시대의 문화 수준을 높이고 백성들을 위한 개혁정책을 만들어 갔다(최두진, 2009).

끝으로 개별적인 인물로서 앞 장에서 기술한 생애 과업의 파트너 채제공, 그리고 공개하기 어려운 내밀한 정치적 이야기를 비밀편지의 형식으로 주고받은 정치적 동반자 심환지를 들 수 있다. 특히 심환지는 정조독살설의 배후로 지목될 만큼 노론의 영수로서 문제적 인물이었는데 정조와 주고받은 어찰첩이 공개됨에 따라 그가 사실 정조의 강력한 지지자였으며 정치적 동반자였음이 확인되었다(안대희, 2010). 정조는 이렇게 당시의 당색과 당론, 출신, 연령대를 뛰어넘어 뜻을 함께하는 지지집단을 적극적으로 형성하였다.

3) 자기 격려

자기 격려는 스스로에게 긍정적인 기대를 주입하고 용기를 주는 것이다(노안영, 정민, 2007). 이는 스스로 격려함으로써 상실 경험과 같은 힘든 상황을 극복하고 성장하는 힘을 얻을 수 있다. 정조는『일성록』『일득록』
『존현각일기』등을 통해 생애 전반에 걸쳐 스스로에 대
한 평가를 기록했다. 물론 스스로에 대한 모든 기록이
긍정적인 격려일 수는 없다. 때로는 자신을 비판하기도
하였으나 비판의 끝에서는 여지없는 반성과 통찰이 담
겨 있었다. 특히 스스로의 삶의 태도를 기록한『일득록』
처기(處己)편에서는 "나는 공사에 대해, 크건 작건, 긴요
하건 긴요하지 않건 일찍이 며칠씩 보류하거나 지체시
킨 적이 없었다." "나는 백성과 나라의 일에는 감히 잠시
라도 마음을 풀지 않고, 심지어 예사로운 사물까지도 마
음에 둔 적이 없었다." "나는 비록 비천한 마부에게라도
일찍이 이놈 저놈하고 부른 적이 없다."처럼 자기 삶의
태도에 긍정적인 평가와 격려를 제공하였다.

4) 지지체계의 마련과 격려의 제공

우리는 가족, 동료, 자기 자신 등의 지지 차원이 정조
의 다층적 상실 극복에 큰 힘이 되어 주었음을 확인하였

다. 상담자의 측면에서 앞선 두 가지 원리의 가상적 연합 작용을 구안해 본다면 앞에서 삼매(三昧)의 대상을 내담자에게 찾아 주는 행위 이후에는, 이제 '나'의 영역에서 '관계'의 영역으로 나아갈 수 있게 된다. 이를 위해 관계 영역의 초입에서 우선 신뢰할 수 있는 타인을 만나야 한다. 그 대상은 가족일 수 있고 또 동료(또래)일 수 있으며 자기 스스로일 수도 있다. 중요한 것은 이러한 지지체계를 상실 경험으로 고통받는 내담자가 혼자 발견하는 것이 무척 어렵다는 점이다. 상담의 목표는 문제를 해결하고 즉각적인 도움을 주기보다는 삶을 주체적으로 살아 낼 힘을 기를 수 있도록 격려하고 지지하는 방식으로 이루어져야 한다(이재용, 2018). 이러한 측면에서 상담자는 내담자의 주변을 살피고 지지체계가 되어 줄 수 있는 대상들을 함께 탐색하여야 한다. 가까운 지지체계가 없다면 상담자와 내담자의 '관계'가 하나의 지지체계로 작동할 수 있도록 내담자를 '격려'하고 '인정'하는 것이 중요하다.

이러한 지지체계 마련의 조력과 지지체계 또는 상담

자의 적극적인 격려, 인정은 내담자에게 자신과 동행하여 상실과 슬픔을 다독여 줄 수 있는 유의미한 행위가 될 것이다.

3. 지금 – 여기에서 삶의 목적 선택하기: 원도(遠圖)의 원리

『일득록』 처사편에서 정조는 "모름지기 일의 중요한 근본을 먼저 세우고 그다음으로 세부의 조목을 정리해야 한다." "일을 처리할 때 점진적으로 하지 않으면, 기상이 다급해지고 위축된다. 빠른 효과를 구하지 말고, 반드시 원대한 계획을 품어라. 이것이 오늘날의 급선무다."라고 기록하였다. 여기에서 정조의 삶의 방식 중 하나인 점진(漸進)과 원도(遠圖)를 발견할 수 있다. 점진은 말 그대로 급하지 않게 한 발 한 발 나아감을 뜻하며 원도는 한자 뜻 그대로 장기 계획을 뜻하는데 '큰 그림'을 그린다는 뜻으로도 생각할 수 있다.

인간은 자신의 동기를 바탕으로 미래 지향적인 자기 삶의 목표를 완성하려 노력한다. 이러한 삶의 목표가 사회에 이바지할 수 있는 유용한 생활양식을 바탕으로 할 때 개인의 행복과 더불어 공동체의 행복도 함께 나아갈 수 있다. 아들러(Adler)는 모든 인간의 행동에는 목적이 있다고 하였으며, 미래에 최종적으로 실현될 상상을 그려 보는 행위만으로도 인간의 현재 행동에 막대한 영향을 끼친다는 점을 설명하기 위해 가상적 최종목적론이라는 용어를 사용하였다(Adler, 2016).

여기에서, 정조의 '큰 그림', 다시 말해 최종과업이 무엇인지 추론해 볼 필요가 있다. 앞에서도(p.46) 소개하였지만 아버지의 묘소를 이장하고 직접 비문을 지어 올리는 장면인 다음의 기사에서 그 단서를 자세히 찾을 수 있다.

아, 불효한 이 아들이, 천지에 사무치는 원한을 안고 지금껏 멍하고 구차스럽고 모질게 목석마냥 죽지 않고 살았던 것은, 소자에게 종사를 맡겼기 때문이었습니다. 이에 그 뜻에 보답할 수 있게 되기를 지극한 심정으로 비나니, 아, 하늘이시여. 사람이 하고 싶어 하는 일은 하늘이 들어주는 것인데, 이 소자는 감히 기필코 이렇게 해야만 소자가 죽지 않은 이유에 대해서 천하 후세에 떳떳이 말할 수 있지 않겠습니까.

－『정조실록』 28권,

정조 13년 10월 7일 기미 4번째 기사－

"중사를 맡겼다." "사람이 하고 싶어 하는 일은 하늘이 들어준다." "죽지 않은 이유에 대해서 후세에 떳떳하다." 이와 같은 표현들에서 정조의 생의 최종과업이 역적의 오명을 쓰고 비극적으로 생을 마감한 아버지 사도세자의 신원과 추숭에 있었음을 알 수 있다. 사실 이러한 신원의 노력은 앞서 밝힌 것과 같이 세손 시절부터 시작되었다. 우선 부친의 비행이 소상히 기록되어 있던『승정원일기』의 세초를 영조에게 요청하고 관철하였다. 왕이 되고 나서 사도세자에 대하여 단 한 글자의 신원도 하지 말 것을 유지로 남긴 할아버지의 말씀을 거역하면서까지 부친의 묘소를 정비 및 추존하였으며, 정치적 완숙기에 접어든 뒤에 비로소 흉당으로 알려진 부친의 묘소를 당대의 명당인 화성으로 옮겨 현륭원을 조성하였다. 이러한 부친의 신원 과정은 아들러가 주창하는 인간의 목적론적 프로세스와 닮아 있다.

철학자 바이힝거(Vaihinger, 1911)의 '만약 ~처럼'의 철학에 영향을 받은 가상적 최종목적론(fictional finalism)은 상실을 경험한 대상이 고통을 느끼는 것은 자연스러운 것이나, 그 지극한 고통을 계속 받을 것인지 아니면 극복하여 성장의 발판으로 삼을 것인지를 선택하는 것은 우리가 추구하는 가상의 목적이 설정되느냐 설정되지 않느냐에 커다란 영향을 받는다는 점을 강조한다.

우리는 사료와 정조 개인의 기록을 앞서 면밀히 살펴본 결과, 아버지의 신원과 추숭 그리고 유교적 이상 국가의 완성이 정조의 가상론적 최종목적 혹은 최종과업으로 판단할 수 있다. 정조는 상실의 고통에 매몰되지 않고 어려서부터 최종과업을 설정했으며, 그 과업을 점진적으로 한 단계씩 수행하고 성공하며 앞서 발생한 비극적 상실 및 심리적 상실들을 극복하고 성장의 원리로 나아갈 수 있었다.

여기에서 우리는 상실을 경험한 내담자에게 그 상실을 극복하기 위한 개입의 방안으로서 원도(遠圖)의 원리를 제시할 수 있다. 상실을 극복하지 못하고 고통을 유지하는 선택과, 더 큰 목표 혹은 꿈을 설정하고 그것을 이룬 '나'를 상상하며 현재를 극복하는 선택이 있다면 상담자는 반드시 내담자가 더 긍정적이고 올바른 선택을 취하도록 도와야 한다. 왜 살아야 하는지를 아는 사람은 그 어떤 상황도 견뎌낼 수 있다는 말과 같이(Frankl, 2020) 상실로 인한 고통을 극복할 수 있는 주체 또한 상실을 경험한 이가 바로 '나'임을 알 수 있도록 조력해야 한다. 구체적인 상황을 제시하자면 상담자는 상담의 최종목표로서 상실을 극복하고 성장한 상담자의 모습에 관해 이야기할 필요가 있다. 마치 그림을 그리듯 내담자와 소통하며 내담자가 변화하고 성장한 모습과, 이를 위한 점진적 계획들을 공유하고 상담 진행 과정마다 이를 형상화하는 것이 내담자의 상담 참여와 상담 태도에 적극성을 부여해 준다.

앞서 기술한 원리들의 작동을 통해 내담자는 삼매(三昧)
경에 들어 상실을 건강하게 잊고 성장할 수 있는 여러 활
동을 만나고 내면화하기 시작한다. 또 동덕(同德)그룹을
상담자와 함께 탐색하고 형성하여 '나'의 영역에서 '관계'
의 영역에 도달한다. 두 가지 원리 속에서 내면과 관계를
튼튼히 한 내담자는 원도의 원리에서 점진(漸進)과 원도
(遠圖)의 방법을 발견한다. 상담자는 상실 너머의 원대
한 목표와 이를 수행할 수 있는 구체적 실천방안을 마
치 건물을 올리듯이 하나하나 수행해 나아가는 내담자
가 될 수 있도록 철저히 상담을 계획하고 작은 목표와
최종목표의 조화로운 수립, 그리고 실천에 힘을 기울여
야 한다.

4. 깊은 공감으로 공동체적 삶 지향하기: 애민 (愛民)의 원리

아들러의 관점에 의하면 사회적 관심은 개인이 인간

사회의 한 부분이라는 인식, 사회적 세계를 다루는 개인의 태도를 말한다(김요한, 2019). 또한 아들러는 인간이 사회적 존재로 살아가면서 풀어야 할 삶의 과제를 해결할 수 있는 동기를 사회적 관심이 제공해 준다고 하였다. 아울러 열등 콤플렉스와 우월 콤플렉스에서 벗어난 건강한 생활양식을 발전시키기 위해서 사회적 관심을 확장해야 한다.

한편, 정조의 삶 속에 표현된 애민, 절용의 언행에는 그의 높은 사회적 관심이 잘 드러나 있다. 사실 책의 집필 과정에서 발견한 수많은 정조 관련 기록에는 백성에 관한 애정과 연민, 또한 그들의 삶에 억울함이 없길 바라는 높은 사회적 관심이 표현되어 있었다. 그로 인해 자료의 선정과 분류를 고민하였다. 그리하여 마련한 기준은 우선 백성들이 먹고사는 삶(복지)과 관련한 관심, 백성의 억울함(법)과 생명에 관한 관심, 백성과의 소통에 관한 관심으로 분류하였다.

1) 백성의 삶을 살피고 그 고통을 더불어 느끼다

18세기 조선은 기후 이상 현상으로 인한 기근과 중국에서 시작된 대역병(홍역)으로 인해 백성의 삶이 대단히 피폐하였다. 기록에 의하면 현종 대에는 전염병으로 무려 100만 명 가까이 사망했으며 숙종과 영조 대에도 지속해서 유행하였다고 한다. 기근도 심각하여 아사자가 빈번하였고 필설로 형용할 수 없는 참혹한 행위가 자행되기도 하였다. 이러한 기근과 역병으로 부모가 죽고 홀로 남겨진 고아들은 약자 중의 약자로서 삶의 문제가 심각했는데, 정조는 이러한 상황을 안타까워하고 1783년(정조 7년) 자휼전칙(字恤典則)이라는 법을 제정하였다.

흉년이 들어 굶주리는 해에 우리 민생 중에 부황이 들어 전련(顚連)하게 되는 사람들이 어느 누가 왕정(王政)이 구제해 주어야 할 사람이 아니겠는가마는, 그중에도 가장 말을 할 데가 없고 가장 가긍(可矜)한 사람은 어린아이들이다. 저 장정(壯丁)인 사람들은 남의 용보(傭保)

가 되어 물 길어 주고 나무라도 해 주며 그래도 살아가게 될 수가 있지마는, 어린아이들은 이와 달라 몸을 가리기와 입에 풀칠을 제힘으로 할 수 없으므로 훌쩍거리며 살려 주기를 바라며 의지할 데가 없게 된다. ……(중략)…… 친척(親戚)이 있는 자 및 주가(主家)가 있는 자는 찾아내어 기탁(奇托)하는 방도와 자녀가 없는 자 및 동복(僮僕)이 없는 자는 수양(收養)을 허급하는 법에 있어서는 또한 모름지기 되도록 섬실(纖悉)하게 거행하여 처음에서 끝까지 혜택이 있게 되도록 해야 한다.

-『정조실록』16권,

정조 7년 11월 3일 경인 2번째 기사-

힘없고 홀로 남은 아이들에 대해 조정과 지방 수령들이 책임지고 돌보아 굶어 죽지 않게 하였으며 병에 걸리면 반드시 치료해 주도록 하였다. 특히 풍년과 흉년에 관계없이 같은 양의 밥을 제공하도록 하였으며 갓난아이들에게는 수유가 가능한 부인들을 배정해 주었다. 이 자휼전칙의 놀라운 점은 이러한 아이들이 10세가 될 때까지 보호하라는 대목이며, 10세는 당시 기준으로 최소한의 노동이 가능한 나이였기 때문에 의미가 있다고 생각된다.

> 임금이 백성 아니면 누구와 나라를 다스리겠는가?
> 그래서 '임금은 백성을 하늘로 여긴다.' 하는 것이다.
> '백성은 먹을 것이 아니면 살아갈 수 없다. 그래서 백
> 성은 먹을 것을 하늘로 여긴다.' 하는 것이다. 진실로
> 나의 하늘을 두려워하고 백성의 하늘을 소중히 여긴다
> 면, 많은 복을 받고 장수를 비는 것이, 실로 여기에 기
> 초할 것이다.
>
> ‒정조, 1814, 『일득록』 애민편‒

정조의 복지정책은 군주로서 당연히 펼쳐야 할 기본 정책으로도 볼 수 있다. 그러나 그 정책의 면면을 살펴볼 때 백성에 대한 깊은 연민과 공감, 존중 의식이 없다면 입법과 반포 그리고 점검에 이르기까지 정조와 같은 세밀한 정책 수행 프로세스를 구현하기란 요원할 것이다.

2) 억울함 없는 만민을 위한 생명존중의 마음 씀

　　매번 심리하여 옥사를 판결할 때만 되면, 여러 도의 옥안이 책상에 가득 쌓였는데, 주상께서 친히 살펴보고 조사하느라 밤을 새워 아침까지 이어지기도 하였다. 여러 신하들이 모두 걱정하고 염려하였으나, 감히 말을 하지 못하였다. 주상께서 말하였다.

　　"옥이란 사람의 생명과 관련된 것이다. 옛날 성인은 '한 사람이라도 무고하게 죽이고서 천하를 얻는 것도 오히려 하지 않으리라' 하였는데 내 어찌 한때의 수고로움을 꺼려 심리의 도리를 조금이라도 소홀히 하겠는가?"

-정조, 1814, 『일득록』 형정편-

　　내가 자세히 살피고 삼가는 것으로 살옥(殺獄) 만한 게 없다. 그래서 무릇 옥안을 재차 살펴보는 것이다. 몇 년 전의 일이라도 문득 관련자의 성명을 잊지 않는 것은, 기억력이 좋아서가 아니라 정성이 닿았기 때문이다.

-정조, 1814, 『일득록』 형정편-

전근대 사회의 재판과 양형은 현대의 그것과는 매우 다르다. 특히 생명을 다루는 옥사와 살옥 사건은 전통적 신분체제가 공고한 상황인 이 시대를 살아가는 사회적 약자들의 억울함과 고통이 극명히 드러나고는 했다. 정조는 특히 생명과 관련한 사건에 대해서는 상황을 자세히 검토하고 또 재삼 검토하는 등 기울일 수 있는 최대치의 신중을 기울이는 면모를 보여 주었다. 생명을 존중하고 신분을 떠나 작량감경(酌量減輕)하는 정조의 판결에서 우리는 백성에 대한 깊은 연민과 생명에 대한 존중을 느낄 수 있다.

3) 백성과의 소통에 관한 깊은 관심과 실천

정조는 재위 24년 동안 도성을 벗어나 경기도의 왕릉을 66회 방문한다. 이를 능행(陵行)이라 하는데, 능행의 표면적 목적은 선왕들에 대한 예를 다하는 것이지만, 능행 과정에 보여 준 정조의 언행은 백성을 향해 있었다. 이는 자신의 능행을 행행(幸行), 즉 행복한 행차로 규정한 정조의 모습에서 볼 수 있듯이, 능행의 결과물이 백성들의 삶의 질을 여러 가지 차원에서 높였다는 측면에서도 의미가 있다.

사실 임금의 행차는 백성으로선 대단히 귀찮은 일이다. 세금도 부과되고 행차 길을 닦아야 했으며 행차 때에는 고개도 들지 못했다는 측면 때문이다. 그러나 정조는 행행(幸行) 중에 백성들에게 권위를 내세우지 않고 오히려 위로하는 데 집중하였다. 혜경궁 회갑연을 기록한 그림을 보면 백성들은 고개를 들고 국왕의 행차를 편하게 구경하며 엿 파는 소년은 분주하게 장사를 하고 언덕 위에서 여유롭게 행차를 관람하는 무리를 쉽게 발견할 수 있었다. 마치 현대의 유명 가수 콘서트를 홍보하듯 행차 한 달 전부터 방을 게시하고 이를 본 백성들은 군주의 행차를 기대하고 열광하였다.

한편 정조는 행행 중 3,355건의 상언과 격쟁을 처리하였다. 상언은 신분을 떠나 누구나 임금에게 올리는 글을 말하며, 격쟁은 국왕 앞에서 징과 북을 두들겨 행차를 막고 억울함을 호소하는 행위다. 물론 신분 사회에서 상언과 격쟁은 대단히 어려운 행위로서, 때에 따라 처벌받기도 하는 부담스러움이 있었으나 정조는 능행이라는 잦은 행위 속에서 상언과 격쟁을 폭넓게 허용하였다.

> "덕산(德山)의 백성 김성옥(金聲玉)이 궁감(宮監) 김응두(金應斗)가 폐단을 부린 일 때문에 격쟁(擊錚)하였습니다." 하니, 판하(判下)하기를, "근래 궁차(宮差)의 폐단이 또 다시 일어나려 하는가? 이렇다면 등극한 이후 하나의 정당한 규모(規模)는 오직, '사경을 끊고, 민산을 보호한다[絶私逕保民產].'는 이 여섯 글자의 부신(符信)에 있었는데, 칙금(飭禁)이 점점 해이하여지고 있다. 따라서 진 궁차(眞宮差)와 가 궁차(假宮差)를 막론하고 다시 전일의 습관을 답습하는 폐단이 어찌 반드시 없으리라고 보장할 수 있겠는가? 덕산의 일은 단지 하나의 함부로 날뛰는 조짐에 해당되는 것이니, 해당 궁임(宮任)을 잡아다가 엄중히 신문하여 공초(供招)를 받아서 아뢰게 하라. 이 뒤로 또 이런 일 저런 일을 막론하고 만일 궁차가 폐단을 부리는 일이 있을 경우에는, 해당 지방관은 즉시 순영(巡營)에 보고하고 순영

에서는 또한 즉시 장문(狀聞)하도록 하라." 하였다.

-『정조실록』 11권,

정조 5년 윤5월 8일 경술 5번째 기사-

　기사와 같이 정조는 백성이 느끼는 억울함을 청취하고 능행에서 돌아오자마자 상언과 격쟁을 친히 열람하여 그날을 넘기지 않았다. 지위고하를 떠나 사회적 약자들을 친히 만나 그들의 고통에 귀 기울이는 소통을 통해 정조는 백성과의 깊은 공감대를 만들어 나갔다. 이러한 측면에서 볼 때 정조는 백성과 약자에 대한 깊은 일체감을 바탕으로, 백성의 눈으로 보고, 백성의 귀로 듣고, 백성의 가슴으로 느낄 줄 아는 군주임이 분명하다.

　앞의 연구에서 확인할 수 있듯이 정조는 유년 시절부터 겪어 온 다층적인 상실과 그 극복 과정을 애민, 즉 약자에 대한 사회적 관심으로 승화하였다. 특히 부모를 상실한 고아들, 옥사에 연루되어 목숨을 잃을 수 있는 백성들, 억울함을 호소하지 못해 답답한 백성들 등 자신이 겪은 상실과 유사한 아픔을 지닌 백성들을 더 세심히 보듣었다. 여기서 우리는 상실을 경험한 내담자를 성장하게 하는 원리로, 자신의 상실을 개인적 차원에서 살피고 이를 넘어 사회의 아픔을 관찰하고 공감하도록 하는 일이 중요함을 알 수 있다. 나의 아픔을 미루어 타인의 아픔을 짐작하도록 하는 일은 어려운 일이지만, 나의 아픔을 객관적으로 살피고 내 주변을 돌아볼 때는 그 짐작이 가능할 것이다. 상담자는 내담자의 상실을 주의 깊게 분석하고 같은 아픔을 지닌 사람들의 사례를 내담자와 함께 이야기할 필요가 있다. 충분한 사례의 공유가 이루어졌을 때 내담자에게 이러한 상실을 극복하게 하기 위한 사회적 방안에 대해 질문하고 함께 숙고하는 행위가 가능할 것이다. 아주 간단한 방안이라도 사회적 관심이 내포되어 있다면 내담자의 상실과 슬픔을 치유하고 성장케 하는 데 밑거름이 될 수 있을 것이다.

다음은 정조의 삶에서 발견한 상실 극복 과정 속에서 추출된 네 가지 상담 원리의 개념도다. [그림 4-1]의 동심원은 나에 대한 몰입과 발견에서 출발하여 타인과의 관계를 건강하게 맺음으로써 지지와 격려의 토대를 마

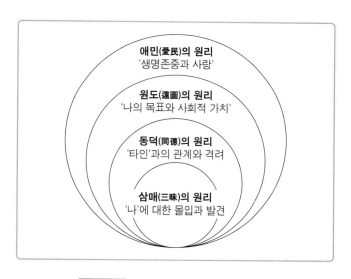

그림 4-1 네 가지 상담 원리의 개념도

련하며, 원대한 목표를 설정하고 그 목표의 단기적, 장기적 달성을 경험할 수 있음을 설명하고 있다. 더 나아가 내담자는 비로소 사회적 관심을 바탕으로 생명존중과 공동체의 유익함을 향해 나아간다.

건강하게 나의 아픔을 잊고 더 높은 경지로 나아간 내담자는 타인과의 관계에서 지지와 격려를 서로 주고받으며 원대한 목표를 향해 정진할 수 있을 것이다. 아울

리 내담자는 나와 비슷한 상실과 슬픔을 경험한 사회적
약자 또는 공동체 구성원에 깊은 공감을 보여 줄 수 있
으며, 이러한 행위의 연결과 내면화는 내담자의 상실 극
복과 성장에 큰 도움이 될 것으로 기대된다.

5

맺음말: 만개의 강에 걸린 달빛 아래에서, 정조와 더불어 이야기(相談)하다

우리는 위정자이자 대유학자였던 정조가 애민 가득한 마음으로 그의 말년에 지은 이 시문에서 한 인간의 당당한 성장과 인격의 완성을 목격할 수 있다.

> 만천명월주인옹:
> 물 위에는 이제 막 맑은 이야기가 뭉쳐 담겼구나
> 가득 찬 둥근 새 달은 너무도 높고 밝아라
> 환히 비춘 달빛을 몽땅 우리 백성에게 돌린다면
> 조선의 번창이 응당 팔방으로 뻗어 가리라

그림 5-1 정조의 구군복 어진 및 정조의 시(『홍재전서』 1권, 「달을 읊다」 국역)

인간의 삶에 있어 상실과 그에 따르는 슬픔은 피할 수 없다. 그러나 그 상실과 슬픔을 대처하는 방법은 개인마다 다르다. 자신이 경험한 상실에 매몰되어 자기 파괴적인 삶을 살아가는 사람도 있고, 상실을 단순히 회피하고 살아가는 사람도 있다. 반면 상실을 오히려 내적인 마음의 힘으로 활용하여 극복하고 성장하는 사람도 있다. 우리는 이 책에서 다차원적인 상실을 생애 전반에 걸쳐 극복하고 성장에 이른 인물인 정조를 상담학적으로 살펴보았다. 아울러 그의 상실 극복 과정에서 찾은 극복과 성장의 원리, 그리고 전략이 상담학적으로 어떠한 의미가 있는지 고민해 보았다.

우선 정조는 동서고금을 막론하고 가장 큰 상실과 비극을 경험한 왕임과 동시에 그 상실과 비극을 극복하고 성장한 성군이다. 이 책은 역사와 정치의 영역에서 바라본 군주 정조를 벗어나 인간으로서 그가 겪은 비극적 상실과 심리적 상실들을 생애 전반에 걸쳐 살펴보았으며, 그에 대응하는 극복 과정을 상담학적 시각에 기반하여 고찰하였다. 이러한 고찰은 기왕의 연구 및 저작물들이 제공하는 상실과 애도, 성장의 축에서 벗어나 새로운 차원에서의 정조라는 '상실 극복 모델'의 단서가 될 수 있을 것으로 기대된다. 아울러 정조의 상실 극복 과정에서 드러난 삼매(三昧), 동덕(同德), 원도(遠圖), 애민(愛民)은 상담학적 의미가 있는 원리라 할 수 있다. 이들은 독립적으로도 상담 과정에서 작동할 수 있으나, 상실과 슬픔을 극복하고 마음을 변화하여 성장에 이르기 위해서는 네 가지 원리가 순차적으로 작동하는 것이 바람직하다. 그 구체적인 원리와 전략의 의의를 다시 한번 더 정리하자면 다음과 같다.

　첫째, 삼매(三昧)의 원리와 전략이다. 정조는 자신의

상실 경험과 고통을 건강하게 '잊을 수' 있는 인물이었다. 단순히 잊는 것에 그치지 않고 오히려 이러한 행위를 더 높은 경지로, 자신을 이끄는 성장의 수단으로 활용하였다. 정조의 경우 신체적 행위로서 활쏘기를, 정신적 행위로서 독서를 선택하였고 이를 통해 깊은 집중에 이르러 몸과 마음의 고통을 내려놓을 수 있었다. 여기에서 상담자들은 상실로 고통받는 내담자와 함께 삼매 혹은 몰입할 수 있는 활동(경험)을 논의하여야 한다. 내담자가 잘하는 활동보다는 상실로 인한 고통을 잊고 온전히 삼매경에 다다를 수 있는 활동을 폭넓게 탐구하여야 한다. 삼매의 경험이 이루어지면 내담자는 평생 활용이 가능한 상실 극복 관리 체계를 습득할 수 있으므로 삼매를 정조 상담 원리의 출발점이라고 명명할 수 있다.

둘째, 동덕(同德)의 원리와 전략이다. 동덕회라는 정조 평생의 지지·격려 그룹에서 따온 이 원리는 사회적 지지가 상실 극복에 시사하는 바를 보여 준다. 정조는 논의의 여지는 있으나 조부, 모친, 아내로 대표되는 가족의 지지와 격려를 체험하였고 동덕회와 초계문신집단, 채제공, 심환지 등으로 대표되는 각 당파의 영수들을 동료 지지그룹으로 형성하였다. 정조는 이러한 지지 체계를 바탕으로 다층적 심리 상실(정체성, 정당성, 신뢰감, 안전감)을 극복하고 자신을 찾아 자기 격려의 단계에 이르렀다고 판단된다. 이러한 사례에 비추어 상담자는 내담자에게 지지의 체계를 발견하는 힘을 제공해야 한다. 더 나아가 상담자가 내담자의 지지와 격려의 대상이 되어 주는 것도 바람직하다.

셋째, 원도(遠圖)의 원리와 전략이다. 원도(遠圖)는 정조의 저서 『일득록(日得錄)』 처사(處事)편에 담긴 필회원도(必懷遠圖)하는 삶의 태도에서 따온 말로서, 정조가 과업을 처리하는 방식을 담은 요체라 할 수 있다. 작은 일에 앞서 반드시 먼 계획, 큰 계획, 즉 큰 그림을 그려야 한다는 뜻으로 아들러의 목적론적 삶의 방식과 닮아 있다. 앞서 제4장에서 살펴본 바와 같이 정조의 생애 목적은 각각 사적 영역과 공적 영역으로 구분할 수 있는데, 사적 영역은 비극적으로 사망한 아버지 사도세자의 공식적 신원과 추숭이다. 공적 영역은 유학의 대통을 이은 군사(君師)로서 조선을 성리학적 이상 국가로 만드는 일이었다. 주목할 만한 점은 정조가 사적 영역과 공적 영역의 과업을 결합하여 인생의 목표를 점진적으로 수행하였다는 점이다. 여기에서 추출한 내용은 상담자는 내담자에게 목적론적 삶의 설정과 구체적 계획의 추진에 대해 조언을 아끼지 않아야 한다는 점이다. 인간은 목적론적 삶을 살아갈 때 커다란 동기가 발생한다. 커다란 상실 경험에 갇혀 신음하는 내담자에게 이것을 극복할 수 있는 동인을 제공해 준다면, 상실은 상실로서의 힘을 다하고 성장의 단계로 나아갈 수 있을 것이다.

끝으로, 애민(愛民)의 원리와 전략이다. 조선 왕조의 대표적 애민 군주인 정조는 제4장에서 살펴본 바와 같이 본인이 경험한 비극적 상실을 여러 차례 애민으로 승화시켰다. 정조는 특히 재난으로 인해 고아가 된 어린아이들에게 깊은 연민을 느끼고 구휼하였으며, 홍역으로 고통받는 하층민들을 위해 약을 무상으로 제공하였고, 백성의 생명이 달린 억울한 옥사(獄事)에 대한 섣부른 판단을 대단히 경계하였다. 또한 행행(幸行)으로 불리는 능행을 통해 백성과 적극적으로 소통하였고 신분과 상관없이 그들의 억울함에 귀를 기울였다. 고아가 된 어린 아이, 홍역으로 사망한 백성, 억울한 옥사로 죽은 백성 등 정조가 특히 깊은 애도와 연민을 표현한 대상들은 공교롭게도 정조가 경험한 상실과 완벽하게 대응된다. 상담자가 정조의 "백성이 굶주리면 나도 배고프고 백성이 배불리 먹으면 나도 배부르다."로 대표되는 애민(愛民)의 원리에서 고려해야 할 것은 두 가지 차원이다. 우선 내담자의 상실 경험에 대한 깊고 넓은 공감이다. 내담자가 겪는 상실이 어떠한지 구체적으로 살펴보고 그 상실에 깊게 공감하여야 한다. 사실 상실이라는 경험은 대단히 개인적이고 개별적으로 나타난다. 타자의 깊은 상실감이 누군가에게는 별것이 아닐 수도 있다. 상담자는 내담자의 가벼운 상실(minor loss)도 쉽게 지나치지 않고 이 상실이 지닌 의미를 공감에 기반하여 파악하여야 한다. 다음으로 상담자는 삼매의 대상을 찾고 지지와 격려의 체계를 형성하며 생애 목적을 통해 앞으로 나아갈 힘을 회복한 내담자에게 주위를 돌아보게 하여야 한다. '나와 같은 상실 경험을 지닌 대상은 없는지' '나와는 다르지만, 상실을 경험한 대상은 없는지' 등을 살펴보고 더 나아가 사회적인 차원의 공감에 이르도록 조력해야 한다. 이를 통해 상담의 네 단계인 '애민(愛民)', 즉 공동체에 대한 깊은 공감에 도달한 내담자는 자신의 상실 경험을 극복하고 마음의 변화와 성장의 경지로 나아가리라 기대된다.

우리는 지금까지 정조의 상실 극복 과정과 이를 통한 성장의 원리, 그리고 전략을 살펴보았다. 그 과정에서 정조의 삶 자체가 현대 상담에서 중요하게 생각하는 상담학적 원리들인 목적론, 격려, 사회적 지지, 애도, 외상 후 성장, 몰입 등과 닿아 있음을 확인하였다. 이 책에서는 이러한 상담학적 원리에 유교와 불교 등 다양한 동양 철학적 원리를 적용하여 다층적으로 상실 경험 내담자를 치유하고 성장에 이르게 하는 방안들을 모색하였다.

이러한 모색과 독자의 관심이 더해져 인간 승리의 표상, 홍재(弘齋) 정조의 삶의 원리가 적용된 상담방법이 고안되고 정착되어, 지금-여기에서 아파하는 아동, 청소년을 비롯한 '사람'들에게 저마다의 아픔을 갈무리하고 성장으로 나아가는 디딤돌이 될 수 있기를 간절히 바란다. 아울러 일평생을 다층적 상실로 인한 외상과 그 극복에 힘쓰면서도 사회적 공동체에 온 마음을 쏟던 성현(聖賢) 정조가 지닌 '뜻'에 우리 모두 함께 한걸음 나아갈 수 있기를 희망한다.

참고문헌

곽희숙(2001). 華城城役에 비친 正祖의 政治構造. 전남대학교
    교육대학원 석사논문.

구순옥(2020). 正祖의 세손시절 강론 문답 〈春坊故事〉에 대하
    여. 漢文學論集 57, 339-370.

국사편찬위원회. 조선왕조실록 연산군일기(朝鮮王朝實錄 燕山
    君日記). WEB DB.

국사편찬위원회. 조선왕조실록 영조실록(朝鮮王朝實錄 英祖實
    錄). WEB DB.

국사편찬위원회. 조선왕조실록 정조실록(朝鮮王朝實錄 正祖實
    錄). WEB DB.

김동배(2009). 君師 정조의 인재정책에 나타난 리더십 연구. 한
    국교원대학교 교육대학원 석사논문.

김동일, 박경애, 양명숙, 전지경, 이영이, 한재희(2016). 상담 이
    론과 실제. 학지사.

김수정(2015). 수용-전념치료만을 한 집단과 자기 도식 알기를
    함께 한 집단 간 효과 비교. 한양사이버대학교 휴먼서비
    스대학원 석사논문.

김옥수, 백성희, 김계하(2003). 조선족 근로자의 사회적 지지, 스트레스, 외로움과의 관계. 성인간호학회지, 15(4), 607-616.

김요한(2019). 목회자 아내의 열등감 극복을 위한 사례연구. 웨스트민스터신학대학원대학교 대학원 석사논문.

김정수(2019). 초기불교의 삼매와 긍정심리학의 몰입의 관계. 동국대학교 대학원 석사논문.

김주심(2013). 수용전념치료가 사별을 경험한 중년여성들의 애도, 자아존중감 및 심리적 안녕감에 미치는 효과. 경성대학교 대학원 석사논문.

김준태(2007). 왕의 공부. 위즈덤하우스.

김준혁(2020). 리더라면 정조처럼. 더봄.

김치인(1777). 『명의록』 권수(卷首) 존현각일기편.

김치인(2019). 명의록언해(明義錄諺解). 학자원.

김태형(2009). 심리학자, 정조의 마음을 분석하다. 역사의 아침.

김해영(2017). 正祖의 孝治와 佛敎觀 硏究. 동국대학교 대학원 석사논문.

노성미(2011). 청소년기 부모 사별을 경험한 장병과 비경험 장병의 정서지능에 관한 비교 연구. 한양대학교 임상간호정보대학원 석사논문.

노안영, 정민(2007). 자기 격려-낙담 척도 개발 및 타당화. 한국심리학회지 상담 및 심리치료 19(3), 675-692.

노혜경(2020). 두 리더: 영조와 정조. 뜨인돌.

문형구, 최병권, 내은영(2011). 국내신뢰 연구의 동향과 향후 연구방향에 대한 제언. 經營學硏究 40(1), 139-186.

박선정(2015). 부모 상실 경험 대학생이 지각한 사회적 지지가 외상 후 성장에 미치는 영향. 경성대학교 대학원 박사논문.

박성희(2008). 고전에서 상담지식 추출하기: 논어를 중심으로. 학지사.

서민주(2020). 正祖代 承旨職 운영과 承政院의 정비. 고려대학교 대학원 석사논문.

손정주(2010). 가족지지가 청소년의 대인관계능력에 미치는 영향에 대한 연구. 목원대학교 산업정보대학원 석사논문.

신동호(2015). 연산군의 자기파괴 과정. 청주교육대학교 교육대학원 석사논문.

안대희(2010). 정조의 비밀편지. 문학동네.

유재빈(2016). 正祖代 宮中繪畫 연구. 서울대학교 대학원 박사논문.

유현진(2012). 외상경험과 외상후 성장의 관계에서 인지적 정서조절전략의 효과. 아주대학교 대학원 석사논문.

윤운영(2017). 청소년기 상실 경험과 학교상담자의 상실상담 경험에 대한 합의적 질적 연구. 가톨릭대학교 대학원 박사논문.

이도형(2020). 심리적 안전감과 창의적 성과 간의 관계에서 무형식학습의 매개효과와 자기주도성의 조절효과. 대전대학교 대학원 석사논문.

이시연(2021). 正祖의 『大學』 解釋 硏究. 국내석사학위논문 경상대학교 대학원 석사논문.

이영춘(1988). 朝鮮後期 王位繼承 硏究李迎春. 한국사연구,

103, 215-220.

이재용(2018). 채근담에 담긴 상담학적 의미 고찰. 초등상담연
　　구, 17(4), 491-511.

이하나(2020). 초등학생들의 역사 인물 프로젝트. 대구교육대
　　학교 교육대학원 석사논문.

이혜옥(1995). Yoga-su-tra의 三昧에 대한 考察. 東院論集 8,
　　1-17.

정병설(2012). 권력과 인간. 문학동네.

정조(2018). 일득록. (남현희 역). 문자향. (원저는 1814년에 출판).

정치학대사전편찬위원회(2002). 21세기 정치학 대사전. 아카데
　　미리서치.

최두진(2009). 정조대의 초계문신 교육제도 연구. 敎育思想硏究
　　23.1, 1-20.

한국학 디지털 아카이브. 어제문효세자효창신도비(御製文孝世
　　子孝昌神道碑). WEB DB.

한국학 디지털 아카이브. 어제의빈묘지명(御製宜嬪墓誌銘).
　　WEB DB.

한국학 디지털 아카이브. 어제의빈묘표(御製宜嬪墓表). WEB DB.

한국학 디지털 아카이브. 어제의빈치제문(御製宜嬪致祭文).
　　WEB DB.

한지예(2018). 정조의 장헌세자 祭禮 운영과 繼志述事 강조. 성
　　균관대학교 대학원 석사논문.

혜경궁 홍씨(2020). 한중록. (신동운 역). 스타북스. (원저는
　　1805년에 출판).

황성연(2017). 『일득록(日得錄)』을 통해 본 정조(正祖)의 선비 인식 고찰. 경희대학교 대학원 석사논문.

Adler, A. (2016) 아들러의 인간이해. (홍혜경 역). 을유문화사. (원저는 1927년에 출판).

Carlson, C. (1978). *Behavioral concepts and nursing intervention 'Loss'* in chapter 4. 2nd ed. New York, J. B.; Lippincott. 72-112.

Fiorini, J. J., & Mullen, J. A. (2014). 슬픔과 상실을 겪은 아동·청소년 상담 및 사례. (하정희 역). 학지사. (원저는 2006년에 출판).

Frankl, V. (2020). 죽음의 수용소에서. (이시형 역). 청아출판사.(원저는 1946년에 출판).

Kübler-Ross, E. (1997). 인간의 죽음. (성염 역). 분도출판사. (원저는 1969년에 출판).

Sofka, C. J. (1997). Social support "internetworks," caskets for sale, and more: Thanatology and the information superhighway. *Death Studies, 21*(6), 553-574.

Vaihinger, H. (1911). *Die Philosophie des Als ob: System der theoretischen, praktischen und religiösen Fiktionen der Menschheit auf Grund eines idealistischen Positivismus.* Redition Schmidt.

Weber, M. (1997). 경제와 사회 1. (박성환 역). 문학과지성사. (원저는 1922년에 출판).

저자 소개

이세중(Lee, SeJoong)

청주교육대학교 초등교육과 학사
청주교육대학교 초등상담교육 석사
충북대학교 교육학과 교육심리 및 상담 박사과정
현 한국교원대학교부설월곡초등학교 교사
　　청주교육대학교 학교상담연구소 연구위원

〈주요 저서〉

마을, 공감으로 잇다: 괴산군편(공저, 괴산교육지원청, 2020)
마을, 공감으로 잇다: 옥천군편(공저, 옥천교육지원청, 2020)

이재용(Lee, Jaeyong)

청주교육대학교 초등교육과 학사
청주교육대학교 초등상담교육 석사
충북대학교 교육학과 교육심리 및 상담 박사
현 청주교육대학교 교육학과 교수
　　청주교육대학교 학생상담센터장, 학교상담연구소장

〈주요 저서〉

왕양명과 상담: 동양상담학 시리즈 19(공저, 학지사, 2021)
학교폭력의 새로운 패러다임: 공감, 용서, 회복, 성장(공저, 형설출판사, 2020)
공감정복 6단계: 동화로 열어가는 공감 매뉴얼(공저, 학지사, 2017)
자녀와 쿨하게 소통하기(공저, 학지사, 2014)
학교폭력 상담 2, 3(공저, 학지사, 2012)
다산과 상담: 동양상담학 시리즈 12(학지사, 2009)

동양상담학 시리즈 20

정조 대왕의 상실과 자기극복

2023년 9월 5일 1판 1쇄 인쇄
2023년 9월 10일 1판 1쇄 발행

지은이 • 이세중 · 이재용
펴낸이 • 김진환
펴낸곳 • (주) **학지사**

　　　　　04031 서울특별시 마포구 양화로 15길 20 마인드월드빌딩
대표전화 • 02)330-5114　　　 팩스 • 02)324-2345
등록번호 • 제313-2006-000265호

홈페이지 • http://www.hakjisa.co.kr
인스타그램 • https://www.instagram.com/hakjisabook

ISBN 978-89-997-2970-6 93180

정가 14,000원

출판미디어기업 **학지사**

간호보건의학출판 **학지사메디컬** www.hakjisamd.co.kr
심리검사연구소 **인싸이트** www.inpsyt.co.kr
학술논문서비스 **뉴논문** www.newnonmun.com
교육연수원 **카운피아** www.counpia.com

마음과 상담 1

박성희 저

상담은 사람의 마음을 전문적으로 다루는 활동이다. 따라서 상담자는 마음이 어떻게 생겼는지, 어떻게 작동하는지, 어떻게 변화되는지 등 마음에 대해 남다른 지식을 가지고 있어야 한다. 이 책은 마음에 대한 동서양의 관점을 살피고 이를 상담에 활용하는 전략에 대해 다룬다.

불교와 상담 2

박성희 저

불교에서 상담적 요소를 찾아내어 이를 현대 상담 이론과 상담 전략으로 정립하려는 노력은 꾸준히 전개되어 왔다. 이제 지금까지의 연구 결과를 종합하여 매듭을 하나 짓는 동시에 불교 상담의 미래를 전망할 시점이 되었다. 불교 상담의 어제, 오늘 그리고 내일을 조망해 본다.

선문답과 상담 3

박성희 저

선문답과 상담이 무슨 관련이 있을까? 이해하기도 어렵고 이해하려는 노력만으로는 절대로 풀 수 없는 선문답을 상담에 가져오는 일이 가능할까? 하지만 700여 년 이상 전개된 선문답의 역사를 들여다보면 답은 명쾌해진다. 단박에 존재의 본질을 꿰뚫고 들어가는 선문답은 실존적 상담을 이끌어 가는 중요한 실마리로서 손색이 없다.